中央民族大学社会学与社会工作丛书

重逢社会

RE-IDENTIFYING SOCIETY

陈心想　著

社会科学文献出版社
SOCIAL SCIENCES ACADEMIC PRESS (CHINA)

"中央民族大学社会学与社会工作丛书"总序

中央民族大学有着深厚扎实的社会学、人类学、民族学的学术传统。20世纪50年代，中央民族学院研究部有吴文藻、潘光旦、杨成志、费孝通和林耀华等学术大师汇聚于此，在中国学界形成一个以少数民族调查和研究为核心的社会学的高峰时期。在很多研究者看来，20世纪50年代社会学被取消以后，中国社会学就消失了，直到1979年恢复。其实不然，在此期间，相当多的社会学家从原来的汉族研究转向对少数民族的研究，社会学的研究并没有停止，只是活跃在"胡焕庸线"以西的区域从事调查和研究。记得李亦园先生在北京大学"潘光旦纪念讲座"上，提到1949年前以"燕京学派"为代表的主要从事汉族研究的"北派"和以中央研究院为代表的主要从事少数民族研究的"南派"，两派在1949年后发生了很大的变化，"北派"转向了少数民族的研究，而"南派"到台湾后转向了汉族社会的研究。20世纪50年代后，"北派"的重镇转移到了当时的中央民族学院，可以说在1979年社会学以学科的名义恢复前，中央民大的学者们一直延续着这一传统，同时把历史唯物主义作为重要的指导思想，纳入少数民族社会调查和研究之中。虽然当时取消了社会学学科和人类学学科，但是中国社会学和人类学的火种却以新中国民族研究为载体得以保存。1978年，受中央委托，胡乔木同志找到时任中央民族学院副院长的费孝通恢复社会学学科，费先生积极联系、多方奔走，恢复了中国社会学。后来费先生到中国社会科学院创建社会学研究所，又到北京大学创建社会学人类学研究所，把中国社会学进一步发扬光大。在一定意义上可以说，中央民族大学曾经是中国社会学和人类学的主要火种传递者。

1979年社会学恢复重建，从学科意义上当时的中央民族学院突出民族学、人类学、民俗学等的学科建设，社会学的学科建设相对较晚。学术团队建设的过程是一个学术共同体形成的过程。中央民族大学的社会学自 21 世纪以来获得较快的发展，2000 年在新合并成立的民族学和社会学学院创建了社会学系，之后不断成长壮大，形成了民大社会学学术共同体。2001 年开始招收本科生，2005 年获得社会学一级学科硕士学位授权点，2011 年获得社会学一级学科博士学位授权点。创系以来，中央民族大学的社会学注重社会学古典理论和研究传统的传承，吸收当代新的社会科学理论和研究方法，不断围绕现代化转型背景下民族地区团结进步等问题进行经验研究，努力促进民族研究的社会科学化和构建中国社会学的民族研究特色，逐渐形成中央民族大学社会学研究的特色和优势。中央民族大学社会学的学术脉络和学术意识直承前贤、薪火相传，结合民大的学科定位与优势，本着"从实求知，美美与共"的学术传统，锻造着一支逐渐强大的学术队伍，为构建中国特色社会学学术体系和实现中华民族伟大复兴做出独特的贡献。在民大社会学这种令人鼓舞的学术氛围中，学术团队里每位成员都扎扎实实，勤恳耕耘在"学术的田野"中，优秀成果不断涌现。阶段性成果通常是以论文或者单篇文章的形式呈现。在学术成果的展示方面，论文固然重要，但由于篇幅所限，难以详尽地表达应有的内容，故而以厚重的书籍的方式来整体汇报研究所得有其独特的优势。比如美国加州大学伯克利分校的社会学传统就从博士生阶段培养学生写书。费孝通先生曾回忆芝加哥大学罗伯特·帕克教授到燕京大学给他们上课，开坛就讲他是来教他们如何写书的。这套丛书的出版，也是继承和鼓舞这个"写书"的传统，把优秀的社会学成果以图书形式推向学术界。特别是要把"社会"这个无字之书，写成"有字"之书，需要一个知识的生产过程。

当前我国进入现代化转型的快速发展期，一方面经济社会文化发展取得了巨大的成绩，另一方面也产生了深层次的问题。这里既有现代化转型的一般趋势和问题，又有中国特色的具体条件和道路产生的新经验、新情况。所有这些都需要我们社会学去研究。党的十九大报告提出新时代我国社会主要矛盾已经转化为人民日益增长的美好生活需要和不平衡不充分的发展之间的矛盾。我国幅员辽阔、民族众多，东、中、西部发展不均衡问题依然比较严重，而"胡焕庸线"以西仍然是经济发展比较落后的地区，也是我国少数民族分布比较集中的地区，所以面对新时代我国社会主要矛盾，社会学需要研究中国社会不均衡发展的地区差异和民族差异之间的关系问题，为实现全面小康和现代化建设目标，让每一个民族都不落下而做出自己的贡献。

当年吴文藻、费孝通、林耀华、李安宅等人为了中国的边疆学和边政问题，采取社区为本的研究策略，开创了社会学的中国学派，迈出了经验研究的坚实步伐。今天中国社会学面对新时代的发展转型问题，尤其是面对民族地区的发展问题和新的民族关系问题，仍然需要进行理论和方法上的创新。我们一方面需要坚定不移地依靠马克思主义哲学来指导社会科学研究，另一方面还需要通过发扬社会学研究的实证精神和田野方法，来扩展对中国民族关系和民族发展的认识和把握，产生出适合中国国情的知识体系和话语体系，为"铸牢中华民族共同体意识"和中华民族的伟大复兴做出自己的贡献。

随着"一带一路"建设的推进，在全球化背景下，"流动"会变成全球社会学的核心概念之一。面对全球化和地方化的问题，人类学家做了很多努力，社会学家在全球社会学的视野下，如何突出这一领域的研究？如像北京、上海、广州等国际化大都市的外国人研究，这些国际大都市的国际移民问题可以回应全球化与地方化之间的关系。人口的流动现象反映了全球体系在中国如何表述的问题。所以萧凤霞教授认为中国研究仍旧是一个过程问题。在一个全球流动和开放的时代，大批中国公民迈出国门走到世界各地，也有大批外国人来到中国从事贸易、求学和旅游，也可能定居下来，出现韩国城、非洲角等新的族群。不管是中国的海外华侨融入当地的生活问题，还是在中国的外国人融入中国社会生活问题，都需要社会学进行深入的调查和研究。

中央民族大学社会学研究团队或学术共同体的形成和发展，也在一定程度上折射出中国社会学发展的一段历程，这个团队本身就是社会变迁的实际参与者，是中国社会学的重镇之一。借助民族学和人类学学科力量，中央民大社会学学术共同体有着自己独特的学术和学科优势。费孝通先生晚年曾对民族学、人类学和社会学三科的关系这样总结："多科并存，互相交叉，各得其所，继续发展。"民大社会学、人类学和民族学共存并进行着"互相交叉"，而后取其所需，这是我们的独特优势。

本丛书希望在构建中国社会学学术体系和话语体系的过程中，在把民族学、人类学和社会学三科打通的基础上，中央民族大学社会学学术同仁能够发挥自己的优势,生产出促进中华民族伟大复兴的有用的知识,借助"中央民族大学社会学与社会工作丛书"的平台不断地呈现给大家。也希望海内外学术机构和学术同仁给我们支持和帮助,督促我们学术共同体的进步,更多地出版学术精品,助力中华文明新的腾飞!

麻国庆

2019 年 5 月 25 日

在日常中体悟社会学（代序）

2018 年 12 月初，心想来电话，希望我能为他的新著写序。按照我的理解，序不是一般人可以写的；为人作序，起码要满足三个条件：年高、德劭、学养深厚。尽管论资历我算是心想的学兄，但到底是同一辈人。总之，论辈分，论学养，都轮不到我来作序，比我有资格的学界前辈太多了。但心想十分谦虚和诚恳，既然如此，我也就恭敬不如从命，谈一点不成熟的想法，算是代序吧。

当年在中国人民大学上学的时候，我只比心想高三个年级，而且住在同一栋楼里，所以来往比较多。后来他去美国留学，相互接触就少了，但毕竟都在社会学界，所以仍能不时从各种渠道听到他的好消息。在我的印象中，心想是一个非常朴实的农村孩子，性格有些腼腆，但博闻多识、好学深思，尤其善于从日常生活中体悟学理。他在研究生期间就在《社会学研究》上发表了一篇论文，以老家的一桩调田风波为案例，剖析社会规则的破坏与重建。从心想后来陆续出版的《明尼苏达札记》《第三只眼睛看教育》《让教育多一点理想》，加上目前让我作序的《重逢社会》来看，他始终保持这样一种风格。

我十分欣赏这种风格，近年来也在努力提倡这种风格。我之所以欣赏和提倡这种风格，是因为从学理上说，任何关于社会的理论都是从观察和理解日常生活开始的。尽管资料的剔抉爬梳，以及理论的提炼和概括都离不开书斋功夫，但从根本上说，理论来源于日常生活。离开对日常生活的感受和体悟，理论就缺乏洞察力，从而也是没有生命力的。所谓"理论是灰色的，生命之树长青"，应该说的就是这个意思。这似乎是很显明的道理，但实行起来并不容易。

20 世纪 90 年代中期，中国社会科学界兴起"研究规范化"思潮。规范化的内容之一，便是强调科学知识的累进性。根据这一要求，任何研究都不能脱离以往的研究脉络自说自话，而必须以对话和辩论的方式进行。为此，每个研究必须系统地、深入地梳理以往研究的得失，然后在反思和吸纳既有知识的基础上提出和阐发自己的观点。只有这样，科学研究才能避免重复、浪费和倒退，真正做到推陈出新，继往开来。在这一思潮的推动下，中国社会学也逐渐摆脱早期野蛮生长的状态，在内容上越来越严谨，在形式上越来越精致，获得了极大的发展。有人说，社会学目前可能是中国社会科学中除经济学之外科学化程度最高的学科。这样一种成就的取得，在很大程度上正是拜"研究规范化"运动所赐。

然而，近年来，中国社会学中也滋生着一种不良的倾向，即在规范化的名义下单纯重视与既有的理论对话，而忽视与现实的生活对话。诚然，加强与既有研究成果的对话是社会学发展的题中之义和必由之路，对新生的中国社会学来说尤其如此。但也要认识到，社会科学的研究对象是社会，而社会是人的创造物，不同时代的人们基于不同的价值和认知，在不同条件下创造的社会具有极大的差异。也就是说，作为研究对象的社会随着时代和文化而有差异，这是客观事实。与此同时，基于不同的价值、认知和条件，同样是研究社会，不同时代和文化的研究者所关心的问题和理论思考的方向也是不同的。上述两个方面单独或共同地决定了，包括社会学在内的社会科学研究总是具有显著的时代性和文化性。提示注意社会科学研究的时代性和文化性，并不意味着否认社会科学的科学属性。因为任何理论的成立都是有条件的，特定的时代和文化可能就构成某理论赖以成立的条件之一，而且任何研究者对理论的探索都会受所处时代和文化的影响，从而表现出某种局限。在这个意义上，注意时代和文化的差异，非但不会妨碍对科学原理的探索，反而有助于澄清科学原理的适用条件，不断提高研究的科学性。

中国社会学是从西方传入的，在发展过程中借鉴西方社会学研究的成果非常必要也非常重要。尤其是中国当前正处于一个大转型的阶段，社会发展很快而社会学研究相对滞后，引进和吸收西方社会学研究成果的任务就显得更为紧迫。在这个问题上，"研究规范化"运动可谓厥功至伟：首先，它使有意识地吸收先进研究成果成为一种广泛接受的学术规范，在该规范的约束下，任何人都不能再自恃才高而闭门造车，否则在学界就是自取灭亡；其次，它也使吸收先进研究成果的工作变得更加深入、系统和连续，不再像以前那样凭着研究者个人的兴趣和见识而予取予夺，而是必须接受同界同仁的检视。就这样，一方面是助力，另一方面是压力，最近 20年来，中国社会学对西方研究成果的引进和吸收比以往任何时候都要多，都要快，都要全面。这也是中国社会学能够迅速摆脱草莽状态，在科学化道路上大踏步迈进的重要原因。

然而，西方社会学研究再高明，毕竟也是西方文化在特定时代的产物，且不论其中许多理论和方法都是以西方社会为原型，即使关于中国的研究也渗透着西方的关切和视角。这就要求我们在引进西方社会学成果时充分注意中西方在文化和时代上的差异。然而，现在确有不少研究忽视甚至鄙视这个问题。我曾经参加的一个学术会议，限定每人发言 20 分钟。一位"海归"青年教师发言，讲中国的环境问题。让众人目瞪口呆的是，她居然花了差不多 13 分钟来论证"为什么是中国"，即为什么要研究中国而不是别国的环境问题，后来在主持人的好心提醒下才匆匆转入正题，最后因为时间不够而草草结束。天呐！如果你是美国人，或者是在美国的会议上，或者是面对美国人发言，"为什么是中国"可能需要论证一下，但你是中国人研究中国，并且是在中国的会议上面对中国人发言，有什么需要论证的？这个"问题意识"也太奇怪了！简直就是把美国或美国人的问题意识直接搬到中国来。也许她发言的 PPT 是为美国会议或美国听众准备的，但如果对文化差异以及因此而来的问题意识的差异有清醒的认识，作为一个受过博士教育的"海归"，临场改变一下也不至于那么难吧？说到底，还是对问题意识背后的文化差异不敏感，可见食洋不化到了什么程度。

造成这种状况的原因比较复杂。

大体说来，一是有人认为，科学就意味着普遍真理，普遍真理是不存在时代和文化差异的，因此科学研究对时代和文化差异不予考虑。如前所述，这个观点是错误的。因为普遍真理并不意味着理论的成立是无条件的；恰恰相反，理论的成立总是有条件的，而时代和文化可能就构成特定理论成立的条件。更何况，一个理论是不是普遍真理，需要不断地接受各种事实，包括来自不同时代和文化的事实的检验。

二是有人自觉不自觉地把西方当作科学研究的中心，而完全把中国视为西方理论的试验场，于是在选题和论述上亦步亦趋地追随西方，对西方研究成果背后的时代和社会背景缺乏反思的能力和兴趣。应该说，在当前西强我弱的世界格局下，这种立场在国内还是很有市场的。

三是对研究规范化的高度推崇，使理论对话逐渐成为一种仪式，重形式而轻内容的研究套路也就有了生存和发展的空间。毋庸讳言，许多问题、理论、方法和模型尽管在西方有着深厚的学术渊源，但并不完全切合中国社会的实际或需要，或者说，需要花大力气才能将这些问题、理论、方法和模型与中国社会的实际和需要结合起来。然而，在十分讲究学术渊源和脉络的研究范式下，一个研究仅是将中国问题置于这些理论背景中去展开理论对话这件事本身，就可以获得足够高的学术合法性，从而获得不错的发表和待遇。在这种情况下，不问可知，又有几个人愿意"没事找事"，肯花工夫去反思和修正既有的研究呢？尤其是在当前中国高校和科研机构普遍强调发表数量和国际发表的环境下，去挑战已然具有某种"神圣性"的西方问题、理论、方法和模型，更是吃力不讨好。

不管是什么原因，最终结果都是单纯追求研究的规范性而轻忽实际生活。尽管如此，这样的研究因其显得庄严、富有书卷气，在这个被许多人目为"黄钟毁弃，瓦釜雷鸣"的时代中仍然颇受欢迎。然而，这些终究都是纸面繁华。古训"道不远人"的另一层含义，是道必须服务于普罗大众的生活，不能沦为少数人孤芳自赏的雅事。中国社会学如果脱离中国社会的实际和需要，而沉迷于从西方学术脉络中去寻找问题，去演绎所谓学问，无异于主动抛弃中国社会。作为中国的社会学而抛弃中国社会，最终也一定会被中国社会抛弃。被中国社会抛弃的社会学，还算是中国社会学吗？尤其是在中国的社会转型引起举世瞩目之际，许多研究却对中国社会转型视而不见或不以为然，实在是太脱离时代。

要切合中国社会的实际，回应中国社会的需要，一个重要途径就是关注每时每刻在发生的、每时每刻在变化的日常生活，从生生不息的日常生活去寻找社会学研究的素材和想象力。借助日常生活的活力，理论思维才不至于僵化，理论胸怀才不至于封闭。这一点心想学弟做到了。纵览他的这部作品，许多篇章都是从日常生活中的一人、一事或一物入手展开社会学之思，观察细腻，论述深刻、亲切，语言清新、活泼，读来兴趣盎然而富于启迪。可谓信手拈来皆成文章，方寸之间别有天地。

写这种文章，看起来简单，其实并不容易。日常生活就在我们身边，人人都可自称熟悉，但正因为熟悉，所以容易习焉不察。要能于平中见异，做到"见山不是山，见水不是水"，非有不凡的理论功底是不行的。只有理论功底深厚，才能"众人皆醉我独醒"，于不疑处有疑，见人所未见，发人所未发。再则，日常生活是流动的、枝蔓的，不像理论模型所表示的那般规范和严整，这就存在一个如何将抽象的生硬的理论模型与具体的鲜活的日常生活相结合的问题。对理论参悟不够透彻，不能很好地理论联系实际，生搬硬套是写不出这种文章的。然后，语言能力也很重要。谈理论而不晦涩，谈日常而不轻浮，不疾不徐，娓娓道来，既需要学术修养，也需要心性修为。在这三个方面，心想学弟都有不俗的表现，树立了很好的榜样。

最后，可能需要补白的是，我并不否定规范性对于社会学研究以及整个学术研究的重要性。如前所述，倡行学术规范，对于学界同仁全面、深入、连续地吸收先进研究成果，薪火相传地把学术研究推向前进，已经发挥并且仍在发挥着不可或缺的作用。其意义不容否定。科学的任务是对世界做出尽可能周密而简洁的解释。而解读是解释的基础，离开对日常生活的解读，理论解释就会成为无源之水，无本之木。反过来，科学也不能停留在解读的层次上。而要把鲜活但离散的解读上升为周密而简洁的解释，不尊重、不遵循一定的科学规范是绝对不行的。正如哲学家库恩指出的，科学的革命就是范式的革命，先有范式然后才有革命，范式能够保证科学的常规发展，为科学革命的到来创造前提和条件。

概括起来，我想说的是，不要让规范窒息了生命，不要让形式高于内容；只有形式与内容、规范与实质、解读与解释相辅相成，学术之树才能长青。"问渠哪得清如许，为有源头活水来"。日常生活就是社会学研究的源头活水，社会学研究的蓬勃发展离不开日常生活之水的浇灌。

冯仕政

自　序
我们都是时光里的移民

一

离开家乡到外地求学时 16 岁。已过不惑之年回顾这些年里辗转南北东西负笈海外留学工作，有一种感触说不出来。曾一次在旅店夜宿，想起自己的一些社会学杂文，欲搜集起来出版一本文集，该取何名？辗转反侧，忽然想到一个名字，即"重逢社会"。重逢是指空间上遇到了一个不同的社会，比如小时候的那个春天油菜花开满地，麦浪如海的乡村，与当下所在的身边到处麦当劳肯德基店的美国南部小城，虽然人在社会之中，但遇到的已非面目一样的社会。在时间的意义上而言，重逢社会是指穿越时间的隧道，我们一天天不知不觉中在变化了的社会里生活。我们既是空间的移民，也是时间的移民。

我的那些杂文不就是在不同时空下对社会感受的描述和分析吗？以时空不同的组合，我们一再地与"社会"重逢，但对重逢的"社会"也以似曾相识燕归来的感觉，方知变迁已在其中矣。世界大流动的背景下，中国也在走出乡土，我们的社会历经沧桑，旧面目中多了诸多新颜。这也正是认识当下中国社会最需要着力的地方，哪些变了，哪些没变，从社会结构到文化价值观和行为方式逻辑，都需要做一番检讨。

海外留学工作十几年里，不知多少次与"社会"重逢，不管哪次从中国返回美国，还是从美国回到中国，甚或在一个国家里旅行，所到之处皆"社会"，然而如同人无法两次踏入同一条河流一样，每次相逢皆非同一个"社会"。看似相同，实则已有多多少少的改变。与社会重逢就像再次相遇旧相识，有一种说不出的欣喜与伤感交织的情愫。

二

巴基斯坦作家莫欣·哈米德（Mohsin Hamid）2017 年出版了一本魔幻现实主义小说《一路向西》（*Exit West*，也有人译为《出走西方》），成了《纽约时报》年度十佳畅销书，也上了美国前总统奥巴马喜爱的书单。这本书讲述的就是在时空流转中的移民和难民。书里有一句金句：我们都是时光里的移民（We are all migrants through time）。

《一路向西》讲述的故事从一个没有具体年代，也没有具体国度的城市讲起，如同《红楼梦》的"朝代年纪，地舆邦国却反失落无考"一样，但所讲故事，如同当下世界正在发生，很容易让人想起近些年的叙利亚等国的难民。

在那个时间地点无考的城市里，两个刚刚工作不久的年轻人，在夜校里相识了。男生 Saeed 有点传统而腼腆，女生 Nadia 大胆而勇敢。内战的爆发改变了原本理所当然的生活，生命没有了保障。于是，他们通过神秘之"门"，开始了一路向西的难民生活。这种神秘的"门"是魔幻的关键。

他们到了希腊的 Mykonos 岛，又到了伦敦，住在被栅栏围起来的难民营，看到了当地人与外来移民和难民的矛盾与冲突、打架与斗殴，后来两人又来到了美国旧金山北边 Sausalito。通过神秘之"门"一路向西，一路上充满恐惧、悲伤、希望、绝望、疲惫以及渐行渐远的情感。

作者哈米德采用了一种独特的故事讲述方法，在 Saeed 和 Nadia 两人漫长的逃难过程中，作者另外铺设了一条线索，把环球不同地点的各色人等放了进去，核心都是生活与移民或者难民有关。比如在澳大利亚的某个夜晚独自开窗睡觉的女子，墨西哥靠近加州边境的一个孤儿院里的"妈妈"，荷兰阿姆斯特丹一个独自喝酒的耄耋老人，摩洛哥某地不肯跟随女儿离开家乡的寡妇，等等。

书里有一句大概有类似移民经历的人都会有同感的话：离开成长的地方之时，就等于谋杀了留在成长地方的亲人。

我还记得童年时代，家乡有迁民政策，男孩多的家庭往往被布置了任务，要迁走一家，到数千里之外定居。目睹过就要迁走时移民者与亲人之间的悲伤离别。这种迁民还是有目的地的、有安排的，有生活经济补助，尚且如此，而难民面对的更是无知无助和不确定的未来。他们离开了家乡，那些留下的亲人是否还能相见都是未知数。Saeed 的母亲就在内战中中弹身亡，其父亲留下来会如何，在进入那个魔幻的神秘之门时，谁也无法预料，这简直就是生离死别的一幕。

三

近日读到一篇考古学家写的文章，写的是周灭殷商后对商人进行迁民的故事。那个历史久远的故事里的商民大概也如同难民一样被迁走，彻底瓦解了商的根基，奠定了周的八百年江山。

人类自从走出非洲，一直在不断地迁移，做着自动的移民或者被迫的难民。

摩西领导犹太人出埃及是一次人口大迁移的故事。不堪埃及法老的压迫，摩西在上帝的昭示下带领犹太人出埃及，要到那流着奶和蜜的上帝应许之地。那是一次艰难的旅程。《圣经》上专门一书为《出埃及记》，讲述这一艰辛历程。

大槐树的故事发生在中国明初，朱元璋为了开发因战乱而荒芜的中原土地进行一次人口大迁徙。这是至今仍然穿越时光隧道存留在人们集体记忆里的移民故事。在过去的一二百年里，闯关东、下南洋等移民与逃难的故事更是难以尽述。

在人类文明演进历程中，人们都是时光里的移民！不同时空下人们遭遇着似曾相识的社会，一再"重逢"，而似是而非。向往的是那流着牛奶与蜂蜜的乐土，割舍的却是与故乡亲人的联结。

2018 年 8 月 23 日于美国星城家中

目　录

第一辑　美食与信任

第二辑　教育即影响

第三辑　兰德群星闪耀时

第四辑　孤独的孔子

第五辑　寻找文明的逻辑

第一辑
美食与信任

美食与信任

聚餐是一种文明：是美食首先给我们带来了互信

古语说，民以食为天。谁能不吃饭呢？你可以不爱跳舞，不爱唱歌，不爱爬山，有很多的不爱，不爱可以不做，但吃饭就是不爱，也必须要吃的。事实上，不爱美食者会有几人？"食色性也"，圣人之言。

上至国家元首互访会晤，下至平民百姓往来走动，都少不了共餐。既然共餐，提供方尽可能提供考究的美食。有学者称，这叫美食外交。比如，近来牛津大学实验心理学系的 Charles Spence 教授就在 *Falvour* 上发表了一篇论文《美食外交：食物在决策中的角色评估》，从中国古代帝王宫廷宴会，到现代硅谷大公司提供员工美食，都是在利用食物可以产生亲密、信任的作用，通过共同享用美食，难度大的谈判也变得更容易，甚至还会促进公司创新。

有研究发现，公司提供免费比萨饼比现金红包对员工的激励作用还大。欧盟大会和 G20/G7 时提供的饭食都是广为世人关注的。美国政府一位执行礼宾长甚至声称："食物是重要的（crucial），因为艰难的谈判都是在饭桌上进行的。"

聚会共餐是人类文明早期的一大进步。共享食物在原始社会里，是在极小的亲缘共生群体里进行的，也是最早期的合作。在远古时代，狩猎和采集时不是每个人每次都那么幸运可以获得猎物和食物的，获得猎物者，把自己的食物拿出来共享，下次如果自己空手而回，对方也可以分享他们的食物。这样可以降低生活的不确定性，减少饿肚子的机会。工具落后时代，人们打到大的猎物美餐的机会很少，共享美食更是联络情感和促进合作的好机会。互信也就在这种合作共享美食中产生了，即使在没有血缘关系的人之间，也可以通过共享食物尤其是美食而获得情感和信任。

美国文化里有聚餐（Potluck party）风俗，可以是朋友或者邻居等，安排到一个地方，或者一个家庭里，每个人带着自己拿手的好饭菜大家一起聚餐。这在我刚来美国不久，我们那个学术团体就举行了这样的活动，还有人边吃边表演，或者饭后表演。吃饭的时候是自助方式，各自边吃边聊天。

通过这样的活动，我们新生和老生们，新朋旧友们就相互熟悉了解了。直到现在我还很怀念那时候一群年轻学子的聚餐活动呢。系里每到学期期末，某天中午就会有师生一起的聚餐，各自带来自己的拿手好菜。现在工作了聚餐，多是成年人家庭带着孩子，但聚餐功能还是没变，增加与新朋故旧的交流和情感，共享的美食增进了相互的熟悉和信任。也许这是社会凝聚力的一个来源。

吃的方式我们为何不喜欢一个人喝闷酒？

新近科学研究发现，我们吃的食物和方式会影响我们的决策是有依据的。独自一个人吃饭，少了一种聚餐的快乐，与他人坐在一起吃饭可以分泌一种安多芬，令人愉快。和他人一起吃饭饮酒也会产生一种提高情绪的东西，是个人独自用餐所体验不到的。这也可以解释为什么我们不喜欢一个人喝闷酒，总喜欢三五好友一起喝两盅。

有坚实研究证据表明，那些在一起吃免费饭的消防队员，工作效果更好。有的大学给教授们也提供免费午餐，可以促进教师交流和跨学科合作。我曾在清华大学社会学系偶然一次遇到了他们系里老师每周一次的午餐聚餐，大概也是为着这种目的，让日常繁忙的教师们有一个交流互动的机会。

美国公司的所谓智慧管理（smart management），其实质其实就在利用共享食物的这些功能。近些年，美国一些大公司都提供免费午餐，比如谷歌、苹果、皮克斯、雅虎等。它们提供免费午餐的原因并不在于把员工留在公司里，而在于激发创新思维。通过提供咖啡和小吃的厨房，不同组的员工到一起互动交流，增进了解、信任与合作。

美食尽管是重要的，但是大家都吃类似的或者同样的食物，还是一些人单开小灶，分出贵宾和普通客人，对信任的产生也同样很重要。芝加哥布斯商学院的 Ayelet Fishbach 教授以研究激励和决策著称。她和同事 Kaitlin Woolley 合作的论文《友谊指南：吃类似的食物可以提高信任与合作》一文报告了关于食物与信任关系的实验发现。

Fishbach 等人的实验发现，即使是陌生人群体，如果提供吃的是类似的食物，他们之间的亲密和信任感就比那些提供不同食物的人要高。在模拟的劳资谈判场合，提供同样食物的也会更容易达成友好的协议。在广告里，出现的食物与消费者的消费更像的，也更容易得到信任，但是穿同样的 T 恤衫却没有这个效果。

Fishbach 教授说：人们倾向于认为他们在利用逻辑在做决定，但他们并未意识到食物的偏好会影响他们的思维。基本上，共享食物可被当作让人们合作并建立信任的策略。

据此有人说，青年人谈恋爱，开始就要注意对方点菜与自己的契合度。恋人首次约会，点菜也是要类似为好。能吃到一块儿去，以后才好生活。如果连一顿饭的共同语言都没有，还怎么谈以后！对食物的偏好受到个人经历影响很大，偏好类似，也说明共同经历较多，很容易相互理解对方，也更利于产生互信。

美食的力量坐上餐桌，就是"我们"

《三国演义》里写到，诸葛亮出山后，"玄德待孔明如师，食则同桌，寝则同榻，终日共论天下之事。"苹果公司创始人乔布斯与合作伙伴早期创业期间一起吃饭、喝酒，饭后一起散步，好多想法的火花都来自聚餐和散步中。美国前副总统蒙代尔说，当年他作为副总统和卡特总统每周一聚餐，就两个人，许多事情都是在聚餐中谈好的。不知道两位聚餐饭食是否一样，但可以肯定的是，不会因为正副总统的职位而划分出饭食的等级。他们两人的共餐营造了"我们"的氛围，与他者区别开了。"我们"感正是共餐与分享美食的身份建构结果。

《食物的历史》里有一个几百年前发生在一个秘鲁的耶稣会士身上的故事，可以作为吃同样食物得到信任的形象例子。尼古拉斯神父作为一个新手和一位年长的修士被分派到安第斯山脉的安达曼加地区。他们翻山越岭寻找印第安人传福音。他们来到了一个部落，土著人开始对他们态度很好，但发现他们与当地社会风俗和礼仪显得格格不入时，有人提出质疑，说他们不是真正的神父，而是伪装的西班牙人。

这使尼古拉斯陷入生命危险之中。就在这一关键时刻，那个印第安人又发话了："不，他们肯定是神父，因为他们也吃我们的食物。"危机才这样过去了。这里关键点就是"食物"，更是"我们的食物"。"吃我们的食物"意味着一种认同，一种"我们"感，与他者区分开了。"非我族类，其心必异"，一旦成为"我者"，即可获得信任。

我记得自己在美国参加过的大小聚餐，大家都是一样的饭食，即使是美国前副总统沃尔特·蒙代尔先生，一次课后他和学生们在一起午餐，也是一样的食物。尤其是美国聚餐通常是自助，样数虽多，但每人吃什么自己挑选。这给人一种比较平等的氛围，大家就不会拘束。也许吃同样的食物，意味着大家比较平等（即使是暂时的）。这也可以解释为什么有些人乐意花高价去和名人一起吃饭，比如巴菲特的聚餐、特朗普的就职宴会等，尽管价格不菲。

吃的等级：人的地位是不平等的，但真诚可以一致

事实上，食物是有等级性的。比如《食物的历史》里说到印度教社会里一些食物反映的阶级地位，素食主义者处于最高级，"吃肉和喝酒的人次一级，吃牛肉则是不可接触的人的典型特征"……在复杂的斐济部落里，"当不同部落的人共同就餐时，他们互相吃彼此的食物。勇士在场的时候，酋长吃捕获的猪，但不吃鱼和椰子——这些是留给勇士的。"

美食能够赢得信任还有一个原因，在远古的人那里，能够提供给别人美食共享者，一定是地位很高、很有实力的人。这样的人的能力可以获得他人的信任，美食是一种信息符号，昭告共餐者，这个主家是个实力雄厚者。如同现代社会里，一些生意人开宝马车、戴名表等去谈生意一样，向客户展示自己的身份实力。

但是，实际上社会上的人似乎不全是如此，真有实力的人，反而日常表现更平民化，从而获得更为广泛的拥戴。像比尔·盖茨、巴菲特这样的"大腕"，反倒把自己装扮得更像平民。在古代也不是每个贵族都愿意在食物上与底层人士严格分开，据《食物的历史》所载，有些还反其道而行之。如恺撒就是一个节俭的典范，"偏好平民的食物"，如粗粮面包、手工压制的干酪、二次收摘的果子，他因此赢得了广泛的称誉。成吉思汗征服了诸多民族，也不愿意"背离北方的艰苦生活"。拿破仑则偏好炸土豆和洋葱这样非常普通的食物。这些大人物大概已经无须通过炫耀美食来抬高自己的

社会身份地位了吧。

不管是美食还是平常食物，共餐者之间的平等和情感关系最重要。即使是满汉全席，如果人是冷漠的，缺乏爱心的，钩心斗角的，"鸿门宴"上怎么也吃不出情感和信任吧；如果人是热诚的、慈善的，粗茶淡饭也许更能彰显其情深深，其乐融融吧。

一位忘年交曾送我一本《老蒲游记》，是一位倾心中华传统文化的英国绅士蒲乐道（John Blofeld）所写的自己在 20 世纪上半叶在中国的见闻。其中一个故事给我印象很深，正好可以拿来做个例子，以说明人与人之间美食并非要事，真心才是根本的道理。

作为河北一所高校青年教师的老蒲趁学校放假去五台山朝圣，路上结识了一位来自东北吉林的七十余岁的虔诚的朝圣客。老蒲不知其名姓，称他为"老东北人"。"老东北人"自己步行靠打零工一路从老家农村走向五台山。他在与老蒲结识后，曾得到老蒲的帮助，为了报答老蒲，请老蒲喝茶，是以远方的骆驼奶做的，这在"老东北人"眼里，确实是招待朋友的"美食"，可是老蒲很不习惯，自然不感觉是在享受"美食"了。

可是，老蒲为其诚心所感，为了不让"老东北人"失望，即使面对一闻就要呕吐的奶茶，他心里告诫自己："老蒲，你必须做'天然君子'，必须假装此茶之美味胜于天堂中所调之甘露！人家对你如此诚心厚意，若使他伤心难过，岂非可耻？"如同喝苦药一样，他终于连饮四杯，同时还要表示出陶情愉悦之神态。他说："那是我一生难忘的苦楚，但能得到老人的心，我大为欣慰。这是我永远不会忘掉的。"

（原载《新京报》2017 年 5 月《书评周刊》）

吸烟与礼貌

时隔八年的这次回乡，我有个决心，就是为了改变乡民吸烟的不良习惯，首先自己改掉见面递烟的习惯。虽然这可能让人觉得有些"失礼"，但既然明白了吸烟对吸烟者和被动吸烟者都不好，我宁愿担着这"失礼"的名声吧。母亲告诉我，这样做人家会背后说你，可我还是尽我可能进行了抵制。也因此，这次回乡，我对吸烟行为观察更留心了。

飞机到北京几个小时后，我就坐上了开往老家的火车，是卧铺，我想大概会休息好些。可是一进去就闻到了刺鼻的烟味。尽管吸烟者多是自觉到车厢连接处抽，可烟味乱窜。此后一个多月在国内各地的旅程中我发现，无论在候车室，还是在火车里，年轻人更可能到吸烟区吸烟。北京大学社会学系教授郑也夫在《被动吸烟者说》一文里说："遵不遵守（公共场合一概不许吸烟）这一法规是一个试金石，它检验着我们社会中权利观念与群己观念的状况。"看来，年轻一代的文明程度有了很大提高。这种吸烟的礼貌，是难得的进步。

我的父亲是吸烟成瘾的，即使谁再怎么说他，他口中说着不吸了，实际上也还在吸着。父亲吸烟是买烟叶自己卷，说省钱。我反复告诉他，这对身体更不好，而且不吸烟的人因为被动吸烟受的危害比你吸烟的还大。但我再怎么劝说批评，或晓之以理，动之以情，皆无用。也许这在他这个年龄的人中颇有些代表性。

一次一位学校老师负责去郑州车站接我，晚上我们住在宾馆同一房间，我猜测他的年龄在四五十岁。我们到宾馆已经是晚上11点多了，他开始在房间里吸烟，连一句问问别人是否"介意"的客套话都没有，而且烟灰和烟蒂也没有收在垃圾桶里。后来，另一位也是这个学校的老师，因送我太晚了也住在同一房间，他上演了同样的故事。

几天后，一位二十出头的小伙子给我的印象，让我看到了青年烟民相对较好的修养。这个青年是朋友的司机，同样也是接送我，有时候代朋友陪我。我没有见他吸烟，也没有闻到他身上有烟味。在我即将告别的那个晚上，与老同学吃饭，有老同学在饭桌上一支接着一支抽烟，我劝他少抽。在我们即将离席的时候，那个这几天送我的小伙子要了一支烟。我说，记得他不抽烟。他说，因为跟我们在一起，我们都不抽烟，他就没有抽。就是说，这两天他一直在忍着。这让我看到他的可爱。因为他这个为他人着想的"礼貌"与那两位老师的"失礼"的强烈对比，我很感动。我回想起来，在车上，我们讨论过美国人抽烟的事情。我当时告诉他，美国公共场合严禁抽烟，烟民蛮自觉。我或明或暗地提示，他的悟性很高，希望他至少做一个加法、一个减法，加法就是有机会看点书，不一定为学位；减法就是少吸烟，或者完全戒掉。在一个候车室等车时，还遇到一个二十多岁的青年烟民，我与他邻座，攀谈了起来，也是看不出他抽烟。后来，他让我帮他看着包，自己去洗手间抽烟，才知道他抽烟。也因为他能到洗手间抽烟，而不是在候车室，我对他肃然起敬。这是我对青年烟民的礼貌的好印象的两个例子。

我觉得，对吸烟，想移风易俗是不容易的。这次好在在老家待的时间不长，不然我的心中煎熬会更厉害。递烟是"礼貌"的表现，而我是决定了不再要"递烟"这个礼貌了，可我的心里并不是没有纠结。多少年来，每次回老家，都要给人递烟，以示对乡邻的"尊敬"和"礼貌"，也因此，才有了"这孩子懂事"的虚名。这次顶着压力要改变点人们的吸烟行为习惯，才真正体会到长久以来的习俗力量之大。因为我的决心是没有贯彻的，我还是给人"礼貌"地递了一些烟，心中是痛苦的，尽管我以诸多借口回避了要递烟的场景。

希望如我的观察，年轻一代的烟民会更"礼貌"地吸烟；更希望他们尽量戒烟，即使戒不掉，随着年龄增长，也保持着这份难得的"礼貌"。"克己"一向是被动吸烟者一方的事情，但更应该是吸烟者的事情。即使抛开权利逻辑论，当在场有人不吸烟的时候，出于尊重对方和维护自己的形象，也要克制自己，不要让别人成为被动吸烟者。

（原载《齐鲁晚报》2014 年 8 月）

特殊的"圣诞礼物"

了解一个地方的文化和人，有时候需要长时间的观察与交往，这样才能注意到当地一些平常不显露的一面，而走马观花则很难见识到文化的幽微之处。

美国圣诞节有送圣诞礼物的习俗，即便是一个陌生人，有时也能收到一份意想不到的礼物。曾在某本书里看到一位华人留学生讲述自己收到特殊"圣诞礼物"的故事。圣诞节那天，他开车去一个地方，把钥匙锁到车里了，打了好多家开锁公司的电话，都没有人上班。天很冷，下着雪，快中午了，他就到附近麦当劳快餐店先吃点东西。他翻出电话本，绝望地试试最后一个，结果通了，那人要价较高，问他是否答应。这个留学生等得着急，再贵也只能接受，大过节的，人家愿意出来就不错了。他就问师傅什么时候到，师傅说，自己就在麦当劳不远处的大门前。师傅把车门打开了，钥匙取出来了。留学生准备付钱，结果那师傅对他说了一句："圣诞快乐！"握握手，一分钱没收，开车走人。

上面这个故事，主人公收到的礼物确实是"圣诞礼物"，因为在圣诞节当天，也确实是一份特殊的"圣诞礼物"，意料之外。我最近也遇到了类似的故事，但时间距离圣诞节很远。

我住在美国南部密西西比州一个小城大约6年了，对这里的自然、人文环境慢慢熟悉了。最近的这次修车经历，再次加深了我对这里的认识。大约2月底，我的日常用车的右后轮胎被钉子扎破，因为太忙，不断地充些气，还可以将就着开，就没有及时去修。4月初的一天，我终于有时间去修车铺修理了。那天天气晴朗，春天的阳光暖暖的。

汽车专卖店距离我住的地方有半个小时车程，上午11点左右我到了那里。接待的师傅问我车怎么了，需要什么服务。我说，两个事儿：一个是换机油，一个是右后轮胎被扎破了，要修理。换机油每次都在这里，我知道费用是 40 美元，修轮胎不知道。去年同样是这个轮胎扎了钉子，因为在保修期，他们免费换了个新的。这次不在保修期，会是多少修理费？我想心中有个底，就问了师傅。他说，修补一下就可以了，20 美元，总共是 60美元。修好车，我拿信用卡在缴费窗口交了费。拿到收据一看，上面显示只收了 40 美元，我觉得不对，仔细看了具体信息，服务项目不仅包括换机油和修轮胎两项，还有检查其他冷却液等。我去找那个负责接待我的师傅，我告诉他，他们忘了收取修轮胎的费用了。这位瘦高个的中年白人男子看了一眼收据，故作惊讶地说："哦，忘了。"之后佯装站起做了去缴费窗口的动作，紧接着笑着说了一句："圣诞快乐！"随即把收据还给我，跟我握握手，示意我可以走了。就这样，修轮胎这项费用作为"圣诞礼物"给免了。这就是我不在圣诞节却收到一个"圣诞礼物"的故事。

以前读到别人收到特殊"圣诞礼物"的故事，看了也就忘了。这次经历又勾起了我的回忆。按说，那位留学生的圣诞礼物是在圣诞节当天得到的，而我的"圣诞礼物"却是圣诞节过了好几个月后得到的。仔细想想，类似的事情在美国还真时有发生，只不过没有说明是"圣诞礼物"而已。嗯，"圣诞礼物"不一定只在圣诞节才可以收到。

（原载《齐鲁晚报》2015 年 5 月）

有关"吃"的记忆

郑也夫先生一再赞赏一个人，是很少见到的，钟阿城是一位。虽然早知阿城大名，却从未读过其作品。因了郑先生一再称道，我找来了其代表作《棋王》，几乎一气读下来，太震撼了，太有味道了，让人咀嚼不尽、回味无穷。其中关于王一生"吃"的描写，简直无出其右者。阿城描写了穷苦出身的下乡知青王一生对吃的虔诚和精细，几近"惨无人道"。小说里这样写道：

> （王一生）拿到饭后，马上就开始吃，吃得很快，喉结一缩一缩的，脸上绷满了筋。常常突然停下来，很小心地将嘴边或下巴上的饭粒儿和汤水油花儿用整个儿食指抹进嘴里。若饭粒儿落在衣服上，就马上一按，拈进嘴里。若一个没按住，饭粒儿由衣服上掉下地，他也立刻双脚不再移动，转了上身找。这时候他若碰上我的目光，就放慢速度。吃完以后，他把两只筷子吮净，拿水把饭盒冲满，先将上面一层油花吸净，然后就带着安全到达彼岸的神色小口小口地呷。有一次，他在下棋，左手轻轻地呷茶儿。一粒干缩了的饭粒儿也轻轻地小声跳着。他一下注意到了，就迅速将那个饭粒儿放进嘴里，腮上立刻显出筋络。我知道这种干饭粒儿很容易嵌到槽牙里，巴在那儿，舌头是赶它不出的。果然，待了一会儿，他就伸手到嘴里去抠。终于嚼完，和着一大股口水，"咕"的一声儿咽下去，喉结慢慢地移下来，眼睛里有了泪花。

不经过极度饥饿的人，是难以体会到这种"吃"的状态和感受的，这种几近"冷酷美"的语言，让人读出的是一种难以言表的心酸和某种悲凉感。这与林黛玉进贾府一段描写的吃饭的文雅烦琐是完全不同的"吃相"。

由此，也让我找回了一些有关 "吃" 的记忆。

第一次洗牙，医生告诉我，从牙齿看，我小时候营养不良。这话我信，因为好多时候没有饭吃，饥一顿饱一顿是经常的事，哪来营养？所以我小时候瘦小枯干，被叫作 "一小把"。大概是 20 世纪 80 年代早期，记得不少时候，就是饿着肚子等待父亲外出卖水泥缸换来粮食。如果他是赶夜路回来，往往会伴随着村里的狗叫声从远而近，所以我每天夜里就会很注意听狗的叫声。也因此，直到现在，偶尔听到夜里某处有狗的叫声，我的脑海里就出现了当年的情景，一种说不出的酸楚从心底涌出……有一次，父亲换回来的是大米，从山东某地换来的，大雪的天，父亲与村里的一位同样换缸的邻居两人做伴，走了几百里地，换来的大米。大概是米的质量欠佳，或者因为有了米就顿顿吃米饭，以至于我吃得多少年后还见米饭就反胃。

有年春天，家里实在是揭不开锅，就把棉花籽捣碎，掺点菜叶，蒸成锅饼，吃不动，嚼不烂，硬吞下去，那吃相才叫青筋多高，如果阿城见了，不知道会用什么样的语言来描写形容。吃后消化不好，还上火很厉害，难受得紧！

这样的关于吃的记忆还有很多。后来，慢慢地，我对吃的记忆似乎在王一生看来，已经不是 "吃"，而是 "馋" 的故事了。在王一生的概念里，吃是最基本的需求，而 "馋" 则是加了 "好" 字，讲 "好吃" 了。往日的 "吃"，慢慢在回归，而 "馋" 于我，似乎有些渐行渐远了。我似乎潜意识里仍然有一种对 "吃" 的焦虑或不安，对 "馋" 有一种负罪感。这是借用了王一生的 "吃" 与 "馋" 的概念。事实上，也许 "吃" 的故事与 "馋" 的故事纠结一起，难以厘清。

语言是社会生活的一面镜子。郑也夫先生在《语镜子》一书中有篇《"吃了吗" ——民以食为天》，从中国文化中使用率最高的招呼用语，可以看出国人对 "吃" 的深情。因为中国历史上吃不上饭的日子不时地光临，天灾、人祸、饥馑频繁地 "袭击" 着勤劳的中国人。有人统计说，3000 年间中国发生的大灾荒达到 5258 次，饥馑、流民、饿死、"人相食"，史不绝书。王一生对 "吃" 的虔诚，可以说，是中国文化中一个核心的返照。《棋王》把 "吃" 写得如此生动，是阿城的高明之处，也是最让我们感到震撼的伤痛之处。

张贤亮在《绿化树》里也写过吃，也很是传神：

> （沟里找到）一根黄萝卜，祖宗有灵啊！……盆子毕竟有盆子的优越性，可以让人把饭舔得一干二净。罐头筒是没法舔的，这真是个遗憾！……劳改农场是没有老鼠的——那里没有东西给它吃，它自己反而有被吃掉的危险。

可是有饥饿悲痛史的人们也很容易好了伤疤忘了痛。有了吃之后不仅仅有了"馋"，而且为了吃得更好，铺张浪费很快成为习惯。这在饥荒不断的历史上大概也是有的。比如，一次，朋友边龙龙闲聊时给我讲了一个从他爷爷那里听来的民间传说故事。这个故事也许可以说明，很早的时候，人们曾经有过很浪费的历史。故事说原来小麦是有九个穗的，人不仅吃的是粮食，而且坐的、枕头枕的、到处浪费的都是。上天发现后震怒，派了天神来惩罚人间，天降灾害要把粮食都破坏掉，人们吓得不敢出来，只有狗出来祈求天神，天神怜悯狗，一棵麦子只留下一个麦穗，留的是"狗粮"。我们人类现在吃的是狗求来的"狗粮"。我从未听过这个故事。后来，到网上搜索，还真的有人在论文里描写了这个神话传说，是为了说明人与狗的关系的。但是，这个故事的另一方面是关于"吃"的。如果人能从这个传说中悟出点什么，也许奢侈浪费粮食之恶习会有很大改善。可惜，即使如阿城生花妙笔下的王一生的"吃"，也不见得能让"解决了温饱可越吃越馋"的人能真正领会多少"饥饿"的焦虑和恐惧，那种人类极为惨痛的感受。

"吃了吗？"这句问候语，包含着中华民族悠久历史上人们的多少心酸！也许，在"天气好"真正取代了"吃了吗"之后，我们的文化心理才能走出对"吃"的焦虑以及王一生那样从心底深处发出的悲凉的对"吃"的虔诚！虽然阿城借助王一生等人的口一再地说"下棋不能当饭吃"，但王一生又一再说"何以解忧，唯有下棋"。作者阿城结尾处一句经典的总结是："衣食是本，自有人类，就是每日在忙这个。可囿在其中，终于还不太像人。"当"吃"的问题真的解决了，如郑也夫先生所说的"后物欲时代"来临了，我们又真的知道如何"解忧"吗？知道如何更"像人"吗？

（原载《齐鲁晚报》2014 年 6 月）

留点麦穗在地里

拾麦穗是我童年比较难忘的记忆。那时候，人们普遍比较穷，青黄不接的日子总盼着池塘里蛤蟆开叫，那就意味着麦子快要成熟了。记得那时村里有个人家，男主人在县城当干部，好像他家的麦子总是长势好也熟得早，找人匆匆收割后就回城去了，总是会有些麦穗掉在地里，村民们会去捡麦穗。其实即使小心收割，一样会有一些麦穗落在地里，为吃不饱饭发愁的人总是会想各种办法，去捡那些因为主人家忙不过来而遗漏下的麦穗。

那时候我还没意识到，这种故意在麦田丢下些麦穗供人捡度日的做法，是一种慈善行为。后来，我读《诗经》，在里面发现了这种古风。比如，《小雅·大田》里有这样一句："彼有遗秉，此有滞穗，伊寡妇之利。"大田就是面积广大的田地。这句诗歌的解释是：那里有遗落的整把的禾，这里有抛洒的谷穗，舍给孤苦寡妇家。也就是富人对弱势人群给予慈善救济的举动。

老子有"天之道，损有余而补不足"的话。大概就是说，上天就有这种"慈善"之道，人有德行用以彰显这种道。这在道义上为富人的慈善行为涂上了上天立法的道德色彩。也许这是人类社会的共同愿望。天道不仅出现在东方，西方也有这样的道德立法。

《圣经》里就有一些地方说了类似的话。比如，在《路得记》里，大财主波阿斯对来地里捡麦穗的外邦女子路得的态度便是例证。

> 在吃饭的时候，波阿斯对路得说："你到这里来吃饼，将饼蘸在醋里。"路得就在收割麦穗的人旁边坐下，他们把烘了的穗子递给她，她吃饱了，还有剩余的。她起来又拾取麦穗，波阿斯吩咐仆人说："她就是在捆中拾取麦穗，也可以容她，不可羞辱她。并要从捆里抽出些来，留在地下，任她拾取，不可叱吓她。"

在《利未记》里，也有这样一节：在你们的地收割庄稼，不可割尽田角，也不可拾取所遗落的。不可摘尽葡萄园的果子，也不可拾取葡萄园所掉的果子，要留给穷人和寄居的人。

从中国古老的《诗经》和西方的《圣经》，我们看到了人类从远古以来就存有的对慈善事业的"道德立法"。当然，这在佛家来说，也是慈悲菩萨之举，要人们发扬光大的布施精神。

中国有句古话，凡事要留有余地。这种在地里留下些麦穗的慈善行为，也是为自己留些生活的余地。谁也不知道自己的命运是如何的走法，而且古语中也有"富不过三代"的箴言。在生意场上，英语中也有"谈判桌上，给别人留点余地"的说法，当年时代华纳公司董事长在回答《财富》记者采访时就引用过这句话。这也是自己活也让别人活的共生道理。人类社会，许多时候不是零和博弈，即一方所得就是另一方所失，而是尽可能实现一加一大于二的共赢。这种非零和博弈在现代社会越来越多。即使面对自然生态也是一样，留有余地才能有更好的生存环境。撒网网眼大些，打猎放过幼鹿，这也是为了平衡的生态环境留有余地。

走笔至此，我想起了小时候过年节时，母亲在敬神之后、家人吃饭之前，不管是敬神的馒头、饺子，还是水果之类，总是要揪下一点，扔到院里，嘴里祷告着。那扔掉的一点，说是给神仙们吃的，实际上在院子里就会被小鸟或者鸡鸭等吃掉。还有"二月二，龙抬头"那天早上围仓，拿出玉米或者谷子撒在地上，围成一个个圆圈，这些谷类也会被小鸟或者鸡鸭等吃掉。即使在那样的贫困年代也是如此。这个远古遗风里是否也有着"留点麦穗在地里"的意蕴呢？

（原载《齐鲁晚报》2015 年 2 月）

拒绝独自吃饭

不久前，李娜在退役宣言里说："我希望能多花一点时间和家人在一起，以前打球的时候这些事情都是奢侈的，现在我想尽力去弥补我的家人。"这话不知说出了多少现代人的心声。

据美国市场研究公司 NPD 集团不久前发布的调查结果，美国有一半以上的人都是一个人吃饭（占 57%）；独自吃小吃的比例最高，占 72%；接着是早餐，61% 的人都是一个人吃；午饭是 55%（包括在工作桌上吃饭的上班族）。尽管许多家庭想方设法在一起吃饭，但是因为小孩的球赛等活动时间安排、成人工作加班或延时，也越来越难在一起吃饭。一家人在一起吃顿饭，在现代的社会里，似乎越来越成为一种奢侈。这个趋势还在加剧，对社会资本的发展和孩子成长都提出了挑战。

20 多年前，哈佛大学教授罗伯特·普特南在《独自打保龄球：美国下降了的社会资本》一书里，分析指出当时美国人的生活方式越来越孤僻。比如，以前结群成团一起打保龄球，后来越来越单独行动，这样社会资本就越来越低，也就是说，人们之间通过一起群体行动所形成的共享的信任、互惠和价值观在降低。

有学者以此推断，人们也越来越倾向于独自吃饭了，因为一起打球的人也会买东西坐在一起吃；而单独打保龄球的人，自然就是单独吃了。这不利于社会健康运行。如今，普特南教授曾感到忧心忡忡的社会现象，随着高科技产品的普及和生活节奏变快，加上"剩男剩女"问题带来的单身贵族潮流，状况越发堪忧。

现代社会步入了"刷屏"时代。有了"Wi-Fi"（无线网络），冷落了"Wife"（妻子）。刷屏似乎比面对面交流更节省、更容易。但是，人类作为社会动物，面对面的丰富互动是任何高科技都无法取代的。因为高科技产品的普及，虽然一家人的日程安排难以协调到一起吃饭，但实际上，是否不少人即使与家人身处一室，心却不在一起呢？微信、QQ、电子游戏等等，让一家人几乎在面对面之时也各自忙着刷屏，于虚拟的世界里奔忙。

一位朋友回忆过去：一开始，一家人吃饭后闲着没事，坐在一起听老人讲故事；后来，一家人在一起边吃饭边看电视；再后来，住的房子大了、楼房高了，电脑也有了，回到家就对着电脑；如今，则是智能手机和平板电脑不离手。高科技，让家从其乐融融的"暖"，变成了各自奔往虚拟世界的"冷"。"昨日重现"的愿望，恐怕是很难实现了。人被高科技产品惯坏，生活虚拟了，人也肤浅了，身心变懒了，情感也淡漠了。

在一些地方，甚至顺应起单独吃饭的趋势，竟然出现了专门为独自吃饭者服务的店面，或者设置专门座位。比如在阿姆斯特丹，Eenmaal餐馆就只接待单独吃饭者。再看看我们身边，单独一个人吃饭的情况也不罕见。这个现象在各地都在成为一种趋势。当然，这些人的"单独"，也不一定意味着"孤独"，大可以边吃边刷屏，与远在天边的亲友或网友视频聊天——现实中一个人吃饭，在虚拟世界里，则是在朋友圈里游玩。

对此，相关学者的研究建议是，有时间的话，还是应该把屏幕扔到一边，与家人朋友一起真真正正地吃一餐饭。美国哥伦比亚大学的研究数据显示，与父母一周在一起吃饭不到3次的青少年，吸烟的可能性翻4倍，喝酒的可能性翻番，甚至更可能去吸毒。事实上，在孩子成长的过程中，家庭饭桌是第一个课堂，从这里可以学到许多与人互动的方式，了解社会文化和历史，培养健康的情感，包括信任、亲密、归属感和安全感。如今，高科技产品夺走了家庭饭桌这个孩子们学习成长的第一课堂，也是最有根基的课堂。即使是成年人，也同样失去了不少与家人进行情感交流的机会。

社会学家认为，人在互动中产生的一种剩余物就是"情感"，这是人们形成团结群体的黏合剂。情感支持是人类身心健康不可缺少的一块。虽说虚拟世界也可暂时让人兴奋愉快，但终究是肤浅的。

普特南教授担忧此类社会资本在美国消失，面对这个忙于"刷屏"的时代，我们确实有必要进行深刻反思。否则，未来可能面临的是一个"贫困的刷屏社会"：一个人孤单地吃着饭，貌似快乐地刷着屏。所以，如李娜所希望的"多花一点时间和家人在一起"，有时间，我们也应该多和亲人朋友在真实世界里交流陪伴。每一天都不妨提醒一下自己，"今天，我和家人一起吃饭了吗？"

（原载《新闻晨报》2014 年 10 月）

朋友为你打开一扇窗

同龄的玩伴对个人成长的影响是很值得重视的。中国有句名言：近朱者赤，近墨者黑，说的就是这个道理。大学新生到了学校，分配到了不同宿舍，拥有了室友，而室友就是社会资本。室友对个人的学习和交友等都会有显著影响，室友是空间上距离最近的人，成为社会关系天然的组成部分。同伴关系作为社会资本，学习成绩作为人力资本，社会资本将影响学生的人力资本的增长。这是美国社会学家科尔曼开创的经典命题。

经济学家布鲁斯曾以美国达特茅斯学院新生为对象，研究室友对学习和参加学校社团组织的影响，发现在控制了大学生入学之前的条件后，学习成绩好的室友会显著提高该学生的成绩，学习努力程度也得到提高，室友参加学生社团积极，同样让该学生更积极。10多年后，哈桑和巴格德沿着这个思路研究了印度某工程学院的大学新生，学校采取了随机分配室友的办法，结果发现，室友对学生成绩的影响大约相当于该学生之前成绩的17%。也就是说，当室友成绩提高一个标准分值时，该学生大学一年级的学习成绩会在总成绩排名中提高56名。即使室友来自不同的社会阶层，这种影响都不变。

室友的这种影响，主要来自其特定的资源，比如知识和技能。作为室友，因为空间接近，更容易成为学习伙伴。如果室友间在学习上资源互补，学习的努力程度和相互帮助都十分明显。这种室友带来的成绩提高效果可以持续存在至大学二年级，之后随时间而慢慢减弱。

哈桑等人不仅研究了室友对一个大学生学习成绩的影响，还研究了室友对一个大学生社会网络的影响。在排除个人特性等因素后，他们追踪了3年的大学生网络数据，发现室友对一个人的朋友网具有显著的影响。当一个学生与室友成为朋友后，室友的朋友很容易成为他的朋友。这种递增效应，极大地丰富了朋友圈。一个人的网络关系可以把资源的道路打通，至少在增长知识和技能这些人力资本上，也有助于他们后来的职业生涯。

在专业的选择上，同龄群体一样具有显著的影响，也就是朋友和学习伙伴对一个学生大学专业的选择，具有重要的影响。最近《应用经济学》发表了一篇研究著作，发现作为学习伙伴的好友和具有同等学习成绩的朋友在选择专业上具有最大的影响力。也许是因为能够成为学习伙伴代表学习品格比较类似，从而互相影响到专业选择。同时，具有同等学习水平的人对自我专业的定位比较容易成为参照对象，造成的相互影响也比较明显。

目前，又到大学开学季。刚刚获得大学录取通知书的准大学生们也在期待着自己新世界的新朋友，大学室友就是其中一个重要的期待。以前大学宿舍分配都由校方随机安排。我十几年前读大学，入学第一天，宿舍都是已经安排好的，自己没有任何参与的过程。最近几年，一些大学开始让学生自由挑选室友，有些考虑生活习惯，有些考虑兴趣爱好等。这也是一种不错的办法。本科宿舍基本上四年都不会变，相互影响是肯定的。比如，考研同学多的宿舍几乎人人考研，班干部多的宿舍几乎人人是班干部，这是十几年前我读大学时的经验。看来，大学安排每个学生的室友，也是马虎不得的。

孔子说益友的条件是：友直，友谅，友多闻。大学里同宿舍的同学是最容易发展成终生好友的。众多学者的研究也从诸多方面支持了大学室友作为社会资本的重要性，室友作为社会资本的同时，也增益着我们的人力资本。因为友谊，社会资本衍生了情感资本，又因其单纯而易于永葆青春。

（原载《新闻晨报》2015 年 8 月）

我们为什么爱看琼瑶剧

记得作家阎连科说过，他的亲友劝他写写《还珠格格》"小燕子"这样的小说，不犯忌讳，又俘获大众，名利双收。如果要从读者欢迎度来看，确实如此。看阎连科小说的人真比看那些戏说小说的少多了。最近读了本名叫《反教育时代》的书，找到了大众更偏爱《还珠格格》的原因。这其中原因就是，虽然我们是现代人，但大多数人还停留在原始人类的"丛林意识"，头脑还没有升级到"现代意识"。

《反教育时代》这本书主要讲正式学校教育把人给教愚蠢了，怎么办呢？我们要利用电子科技来学习，让学生获得更丰富的经验材料和信息，贡献每个人的才智，形成一个集体智能大脑。这样，我们就有了超越每个个人智慧的"超级聪明人"，以解决各种复杂的社会问题。

我知道有个"丛林法则"，就是在动物世界，奉行的是弱肉强食的规则。但是"丛林意识"虽然与丛林法则有关，但不是一个概念。斯克伦在20世纪中叶研究美国印第安人部落社会时提出了这个概念。他认为，人类在很长的时间里生活在丛林中，因为其生存中随时要逃避被捕猎，而且丛林里行动不便，所以对重物能不带的就不带，尽可能轻便，头脑的精神模式也是尽可能轻便，不去思考、记忆复杂的事情，这种自然习惯形成了思维上的"丛林意识"。因为机械的发明，现代社会的人在携带物品上虽然不再受丛林意识的影响，但头脑的滞后没有因科技的发明而脱离它。所以，我们会发现，阅读康德的人比阅读村上春树的人少太多了，喜欢古典音乐的比喜欢流行音乐的也同样少很多。即使在西方世界，喜欢并能够欣赏莫扎特、贝多芬等古典音乐的人远远没有喜欢迈克尔·杰克逊的多。人们需要的是简单、轻松、娱乐，而不是对复杂问题费脑筋的理性思考，这是"丛林意识"在作怪。

因为"丛林意识"，爱读书的人，尤其是读需要费脑筋的书的人就不会很多。但是，人类社会中还是有那么一小部分人是大众中的"异类"，就是康德、达尔文、牛顿、陈景润这类人。当然，这里的几个例子过于极端，实际上大多数人要么丛林意识强些，要么现代意识强些。但是因为牛顿、爱因斯坦、康德、叔本华这些极端脱离丛林意识的人的存在，人类文明不断向前推进，大众跟着借光，他们思考、探索的成果给众人享用。比如比尔·盖茨和乔布斯这样的人，乐于并且有能力钻研复杂问题。

再看看教育，这是当下很让人焦虑的事情。其实，丛林意识决定了不是每个人都适合学习微积分和量子力学这类复杂知识。然而，学历的重要性是科举精神遗留作祟，让许多不适合读书的孩子也必须在高考这个角斗场里拼命复习考试，做陪绑。德国号称生产思想家的国度，即使是这样一个国家，也采用了很好的分流制，孩子从十岁就开始分流，一部分读中学，多数以后上普通高校；另一部分人分流到职业院校，他们到了职业院校，一半时间在学校学习基础知识，一半时间到工厂作坊实习，毕业后工作稳定，收入与普通大学毕业生差不了多少，一样过着尊严体面的生活。郑也夫的新著《吾国教育病理》对此有很好的分析：我国因独生子女政策，让早期的家庭分流不再；学历社会，尤其是官员高学历的推波助澜，加上职业学校本身的问题，让中国的教育分流非常困难。

在人类的进化中，思维模式变得喜欢符合自己需要的故事，这样的故事能让自己得到精神上的安慰，即使它是假的。也因此，人们不自觉地编织着自欺的故事，把自己的能力估计过高。这样，许多人本来不适合接受高等教育，但是自欺式地高估自己，使自己成为他人的陪绑。其实生活中我们可以发现，不少事情都有陪绑问题，外语学习就是陪绑最明显的一个例子，那么多学生学习那么多年外语，花费的时间和精力很多，但是真正能够用到的人最终能有多少？

（原载《齐鲁晚报》2014 年 3 月）

找准你的"强关系"

今天，大学生就业难，失业者找到新工作也不易。在找工作方面，关系作为社会资本的作用是不可忽略的。然而，是亲戚朋友圈的"强关系"重要，还是仅仅熟悉或者一面之缘的"弱关系"重要，还是个颇有争议的话题。

当下，由于互联网和网络社交媒体的发展，"弱关系"的范围更大了，在信息传播更通畅和透明的时代，哪种关系在找工作时更重要，也成了新社交媒体与就业关系研究的热题。

"弱关系"力量的提出者、著名的社会学家马克·格兰诺维特认为，"弱关系"至关重要。格兰诺维特调查了波士顿的牛顿镇上282位专业、技术和管理行业人士的找工作过程，他惊讶地发现，这些人的"强关系"，比如亲人、朋友等，发挥不了作用，而是那些偶然碰到的、几乎就是一面之缘的人发挥了关键作用，这些人就是他所谓的"弱关系"。

为什么如此？格兰诺维特给出的一个关键原因是"信息的不对称"。

雇主和求职者都需要了解对方、获得一定的信息，再决定是否接受对方，这中间有个信任的问题。如果雇主和求职者是"强关系"，即在亲戚朋友圈里的人，相互了解，且职位与求职者双方都合适的话，当然最好。

关键是这种可能性非常小，所以最紧密的朋友往往帮不上忙，他们所知的信息几乎雷同。而"弱关系"就是有那么一点联系的人，范围却是几何级的翻倍，人数就多多了，找到较好搭配的概率也就呈现几何级提高。

打个比方，男女找对象，就类似于雇主和求职者的关系，都在寻找合适的人选。我们知道，找到合适的对象，在"强关系"圈子里可能性很小。一旦活动范围扩大了，接触的人多了，找到合适对象的可能性就大了。

华裔社会学家边燕杰则研究了中国20世纪80年代人们找工作的情况，挑战了"弱关系"力量的观点。他利用在天津的调查资料，写了一篇针对中国情况的经典论文《找回强关系：中国的间接关系、网络桥梁和求职》。

在中国文化和体制下，格兰诺维特的 "弱关系" 力量就很难发挥，而是 "强关系" 真正在找工作和职位提升中发挥作用。在分析中国的工作分配制度时，边燕杰的研究显示，人们更经常通过 "强关系" 而非 "弱关系" 作为寻找工作的渠道，直接关系和间接关系都用来获取分配工作的实权人物的帮助。

以上不管是 "强关系" 还是 "弱关系" 的力量，都是没有互联网和网络社交媒体的 20 世纪的陈年旧事。那么，有了这些新网络社交媒体之后，什么关系在找工作时发挥了重要作用？Facebook 公司的伯克与卡耐基梅隆大学的克劳特研究了人们失业后利用 Facebook 找工作的情况，研究对象是全球英语圈里 18 岁以上的人员，发现了 "强关系" 与 "弱关系" 的不同作用。

在线上和线下社会的交往关系网中，从未有过线下交往的网友，是属于 "弱关系" 一类的 "网友"。失业者与 "强关系" 人群的交流，会得到支持，也舒缓了压力；而那些 "弱关系" 就没能提供这些益处。和有 "强关系" 的人沟通失业的事情，提高了在失业者三个月内找到新工作的成功率，而 "弱关系" 做不到这点。

也就是说，即使利用互联网和网络社交媒体沟通，对失业者舒缓压力和找到新工作能够起到大帮助的，还是 "强关系"。互联网只是加强了信息流通和交流的方便，只有线上的关系而没有线下的 "强关系"，都是提供不了再就业帮助的 "弱关系"。

中国有句古诗，叫作 "纸上得来终觉浅"，其实在互联网时代，网上得来的 "弱关系" 网友也是 "网上得来终是浅"。在失业者再就业过程中，无论在精神上舒缓压力还是在帮助找工作方面，"弱关系" 的作用都远远比不上 "强关系"。

对照格兰诺维特早期研究，在互联网新社交媒体的信息容易获取后，人们在找工作时，信息的作用在减弱，而作为社会资本的 "强关系"，其作用在增强。

（原载《新闻晨报》2015 年 4 月）

在衡量"代价"中学会选择

岁月对于一件作品来说，是最严酷的考验。经过这一筛选的作品才慢慢沉淀为精品。郑也夫先生的《代价论：一个社会学的新视角》一书，穿过 20 年的时间隧道再版，令人高兴。

这本书篇幅不大，辐辏在"代价"概念下，涵盖的话题很广泛，从合作、竞争与团体生活、经济平等、男女平等、伦理的得失、分工与专业化、完善与停滞，到传统与反传统、歧异与一致、顺境与逆境、风险与保障、乌托邦意识形态等。既有我们日常生活处处可见有感的问题，也有大社会的社会演化与意识形态问题，围绕"代价"这个核心主题，都有着非常透彻独到的理解和解释。

"合作必有代价，冲突自然有代价，禁止冲突代价更大，没有一种伦理是无代价的——《代价论》一书中的轮廓在不知不觉中清晰起来。"这是作者写作此书的最初缘由，那是对自己亲历的社会历史的观察和审视。社会学家米尔斯认为，大师的研究都是与生活融为一体的，生活本身就是研究对象。《代价论》正与这主张不谋而合，都是思索我们日常生活现象和问题的结果，作为学术作品呈上来的。因此，与我们"不隔"，与我们的生活是一体的，虽然过了 20 年依然觉得说的就是身边的事和理。

此书前四章，是为明确定义和划清范畴而写的，尤其是对"目的论"、"决定论"和"理性"的论述，极为精妙，读者一定不要错过。这里不能呈现书中所有的精彩之处，就拣一二说说。

首先，我们看看顺境和逆境对人的发展的影响。"富二代"和"官二代"的社会问题比较受人们关注。这些"二代"们的生活和发展条件确实比他们的父代好很多。但是，从代价的角度看，"历史和现实的经验一再告诉我们：一个处在优越地位中的人往往要为他享有的诸种优越条件付出沉痛的代价。"波斯帝国居鲁士大帝就对他的下人说："安逸的环境会无例外地培养出没有胆量的人。"如果说到"富二代"和"官二代",虽然 20 年前还没有这个现象,但是对这个社会的新贵们而言,作者对历史的分析对他们很有借鉴意义。比如作者说,"从历史的经验看,在社会地位的循环中越是暴发户越是要为获取的地位付出惨痛的代价。这首先是因为地位变化太大,无力抵抗各种享乐诱惑,保持旧有的心态。其次也因为他们与传统文化缺乏联系,未能从中学到修身齐家治国之道,因而更无规矩。"大概国学热和《弟子规》的再次走红与认识到失去了传统文化、无规矩的一代、二代们有关。

近代社会以降,我们就在传统和反传统里打转转,而且曾经以为要实现现代化,就要打破所有传统。可是就在 20 世纪 80 年代的主流是反传统的思潮下,郑也夫先生就冷静地思考反传统问题。他探索后提出:"'意义与价值'的系统永远是人的世界的基础,而'意义与价值'永远带有非理性的、感情的光环……就保障社会秩序而言,神圣性是最可宝贵的资源……在很多情况下,时代的革新者未必要撕掉以往事物身上的全部神圣性,只需重新解释和改变这一神圣性所捍卫的传统的某些内容。也就是寻求转化,避免断裂,避免在连接不断的'否定之否定'中把自己民族的信仰资源荡涤干净。"

基督教完成了转化,仍然是当今西方世界的道德支柱。而"与此同时,倒是我华夏之传统和它的神圣外衣在几代叛逆者的手中几乎灭亡了……中国的传统在今人面前远比基督教的上帝在尼采的时代更为可怜。而这一传统沦丧的深远的副作用还未释放完毕,更难于为今人所尽悉"。读到这里,对照一下现实的社会历史,怎能不为 20 年前智者发出的预见而震撼。

再说乌托邦。这一章题目是"乌托邦——否定代价之代价"。乌托邦的社会是一个完美的社会,"这里的完美被确定为和谐。它既指个人自身的和谐,与他人间的和谐,又指持久和平,需求的充分满足,愉快的劳动、充裕的闲暇,平等或合理的不平等,没有专断的权威,全体公民的社会参与,等等。"乌托邦否定了代价的存在,但事实上乌托邦与其指导的实践总是南辕北辙,把人们带入痛苦的深渊,付出了沉痛的代价。那么,乌托邦有没有正功能了呢?答案是肯定的。"一个健全的社会必须兼备乌托邦主义者和保守主义者,前者是社会的解毒剂,后者是社会的镇静剂。前者针砭腐败堕落,后者制约轻狂躁动。只有在这个社会兼备了两种力量时,它才能最大限度地减少发展中的代价。"

这就牵涉伟大的"中庸"思想。有句老话"极高明而道中庸"。《代价论》的最后一章是极富启发性的"中庸与极"。人类行为的理想之境是中庸之途。但现实生活中总是存在两极的，比如老人和年轻人、保守派和激进派、精英和大众，等等。如何实现中庸之道呢？作者认为首先要尊重和兼容"极"。比如，"保守主义与激进主义，从来都是一个社会的政治思想中最重要的两极……一个失去了激进派批判力量的社会将从维护现状走向抱残守缺，一个失去了深刻保守主义的社会将从反传统走向反文化。只有在两极共存的情况下，我们才能找到张力，找到中庸之道"。所以，"真正可望追求到中庸之道的社会，恰恰不去剪除掉它头顶上两端的触角……中庸的获得不是靠着消除'极'的存在，而恰恰是通过对'极'的价值的尊重与兼容。两极间的张力是走上中庸之途的必要条件。"

我们不断地面临选择，不管是个人、团体还是社会，都无法避免选择与得失。这正是《代价论》的意义所在，它为我们提供了面对选择、衡量得失时的需要的视角、智慧以及纵观古今中外的宽阔视野。

新版之"新"，主要在于原版内容保持不变，增加了一部分新内容，即本书中作者"观点的演变与批评之回应"。这部分共分九节，第一节是导言，概述了20年来作者对书中一些观点的反思，以及对诸方面批评的回应。之后各节则是导言中之概述的详细陈述。关于反思的例子，比如，在本书里对科举制在王朝末期失去公正性方面归为操作者的道德问题，作者在《代价论》完稿之后一年，写出了问答体文章《腐败与社会生态学》，更为深入地探讨了王朝生态演变与腐败发生之关系。这大概是作者对《代价论》中的观点最早做反思的部分。最近的反思所得，大概是作者的新著《文明是副产品》一书中关于"人类与一夫一妻制"的部分。关于回应批评的例子，比如就男女平等问题答九学者批评，对王小波的《〈代价论〉与乌托邦》批评文章的回应等。从这些反思和回应里，我们可以追溯作者这20年里的思路历程；这一历程在一定程度上呈现出一位思想者的思想小史，为我们提供了一个典型，学习如何做一个不断深化思想的学者。

（原载《南方都市报》2015年11月）

文化杂食者有创意

知识经济实质上是创意经济，或者叫创新经济。经济发展的前锋是一个新兴群体，理查德·佛罗里达（Richard Florida）教授将其命名为"创意阶层"。自从佛罗里达教授 2002 年出版了享誉世界的《创意阶层的兴起》（*The Rise of the Creative Class*）一书，"创意阶层"成了许多政治家和企业家发展经济搜求的目标对象。据说曾经在欧洲一次部长级经济大会上，人手一册《创意阶层的兴起》。什么样的人属于创意阶层呢？从职业方面看，那些研究人员、软件开发师、设计师、律师、大学教授、医生、作曲家、画家等都属于创意阶层；从受教育程度看，通常把大学本科及以上学位拥有者归为创意人士。鉴于学历的代表性不如职业更确切，一般是以从事的职业来看是否属于创意阶层。

虽然说创意阶层是当今时代经济繁荣发展的首要生产力，但是毕竟属于社会上的少数人群。具有创意的人才不仅对社会经济发展贡献大，而且自己的职业声望和经济收入也很高。那么，在职场，需要创意的职位招聘该怎么样来识别具有创意的人才呢？什么样特征的人才能是创新人才呢？美国加州大学沙仑·考普曼（Sharon Koppman）最近在《管理科学季刊》发表了《和我一样与众不同：文化杂食者获得创意工作》一文，对这些问题进行了研究。考普曼利用广告业里的创意职位招聘为例，发现招聘人基本上会认定那些与自己最像的人，也就是那些对许多文化有兴趣和好奇的人，才是他们的理想招聘对象。考普曼将这些人称为"文化杂食者"（Cultural Omnivores）。比如，有个创意部门主任谈及对招聘新人的看法时，这样说："是广告文案编写者还是设计者不重要，重要的是他们要有巨大的知识好奇心。许多时候，我一开始问的问题都是'你读书吗？你自己的时间都是怎么样打发的？什么是你的业余爱好？'那些到了书店喜欢翻看各处书的人，通常具有知识好奇心，他们想知道每一样事情。"还有招聘者说，他不会聘用很多具有广告学位的人，那些专业是人类学、新闻学、英语或者西班牙语的人，常常才拥有最重要的东西。他们有知识的多样性，同时也具有对知识的渴求。总之，从招聘一方看，总体上就是要那些对诸种文化有兴趣有好奇心且不断追求新知识的"文化杂食者"。

从求职者一方说，这些人获得创意职位，是因为早年就养成了习惯，获得创意工作职位是他们个人的兴趣和追求。从小形成的这种文化杂食性特征，是社会化过程中形成的。根据考普曼的研究，这些人多来自中产阶级，从小在父母提供的环境下，接触了多样性的文化活动，不管是音乐还是文学，是划船还是体操等。而工人阶级和贫困人家的孩子则不具备这种条件，虽然他们也可以自己创造条件自由玩耍、自得其乐，却无法开发出那些文化品位。因为这种文化杂食的品位养成是在早年社会化过程中产生的，是文化资本。

国内一些企业界的朋友告诉笔者，他们这个圈里的人，这几年读书学习热情很高，且远远突破了所谓"管理书"的范畴，大量阅读学术味很重或是一些有深度和品位的书籍。也许这种"文化杂食性"品味也正在被国内越来越多的创意部门所接受，并成为他们招聘创意人才的标准。创意职位的雇主招聘时认为，与自己文化品位一样的人，即具有文化杂食性的人才更有创意、更有创新能力。虽然我们不能确定文化杂食者是否真的更具有创新能力，但是考虑到养成"文化杂食"品位，即养成对各种知识与文化的包容力和好奇心，这正是当下教育所缺乏的。创意部门招聘创意人才的这个导向，也许会成为社会积极影响教育的一个重要因素。

（原载《新闻晨报》2015 年 12 月）

从好莱坞看"近墨者被黑"

最近一段时间，国内娱乐界屡屡曝光一些吸毒、嫖娼等不良行为者，他们必然要为自己的行为付出代价。央视羊年春晚此前宣布的"三不用"，其中就有"有污点和道德瑕疵的演员不用"。其实，美国好莱坞的演员也同样如此，他们的不名誉行为也会受到来自社会的无形惩戒。

"不怕神一样的对手，就怕猪一样的队友"，这是从能力上说的。而从队友"颜色"上说，"近朱者赤，近墨者黑"可谓至理名言。尽管实际上不一定因为"近"而"赤"或"黑"，但名誉上却"被赤"或者"被黑"了，尤其是因为人们对负面信息的偏见更突出，由于合伙人的"墨"而导致自己"被黑"的可能性更大。合伙人的"颜色"必然带着正能量或者负能量。

就"近朱者赤"而言，如果与好莱坞某位"德艺双馨"的演员有了交集，对方不仅能力地位高，而且社会声望极佳，那么沾了他的光，己方也在别人眼里鲜亮不少。不少人自然也会将此类合作视作机会，拿出来向人不失时机地炫耀一番。沾光，这是心理和社会共同机制的产物。

学者们盘点发现，奥斯卡获奖作品几乎都来自那些精英团队。若合作者中多有奥斯卡奖获得者或者多次提名者，那么，这个团队中的编剧、导演或者演员，获奥斯卡奖或提名的概率也高。典型例子是罗伯特·福斯特。他出道不晚，但是一直都在下游挣扎，到了1992~1996年，他在好莱坞演员中仅排第762名，很难算一流演员。1998年，他被提名奥斯卡最佳配角奖，原因是出演了电影《杰基·布朗》，而这部电影的导演和编剧是昆汀·塔伦蒂诺，曾在1994年被提名为奥斯卡最佳原创剧本奖和最佳导演提名奖；演员搭档则包括奥斯卡常客萨缪尔·杰克逊和罗伯特·德尼罗。之后，他又回归到原来的境况。

对照来说，如果与那些背着负面名誉的人或者单位，也就是"黑名单"上的人士有了联系，受到的惩罚或者损失要更惨重。好莱坞这方面的例子更是比比皆是。鼎鼎大名的就是"坏女孩"林赛·罗韩，她出名早、名气大，但不断曝出吸毒、滥交等丑闻，以至于成了人人避之不及的"票房毒药"，即便被人提起，也只是国民笑料。所以，如果合伙人里有人名誉不佳，哪怕你此前从未与之有过任何直接接触，都会影响到整个团队在好莱坞找饭吃的难度。因为你来自一个有"黑颜色"的团队或者与之有过合作，甚至只是一点点联系，都会被认为是可疑分子。没有哪家公司会那么大胆不怕"染黑"，从而影响票房等市场收益。

美国娱乐业的相关数据调查显示，即使是名声显赫的"大腕"，一旦与公众心目中"黑名单"上的人有了一点联系，也很难避免"被黑"，足以让他们成功找活的机会降低 9%；不属于"大腕"级别的人更惨，会降低 14%。如果一个人已经上了"黑名单"，或者与上了"黑名单"的人有了任何一点联系，在职场上就要受损失，而且是一种长期效应，因为人们总是怕"近墨者被黑"；而以前的合伙人一旦某天上了"黑名单"，自己也会受损失。这样的机制，造成的是某一小部分人的"黑色"会因为其溢出坏效应，大量的无辜者受害。

交友合伙需慎重，这是古训良言。"城门失火，殃及池鱼"，确实叫人防不胜防，客观来说，由于自己有意识或无意识的"近墨者"之行为而导致"被黑"，根本的原因在于人类漫长历史演化出的心理和社会机制。不仅为了自己，更为了他人，君子不可不"慎独"；当然，从另一方面来看，一个运行良好的社会，也应该尽可能降低无谓的利益损失。

（原载《新闻晨报》2014 年 11 月）

是招聘，还是找玩伴？

雇主招聘新员工凭感觉，往往青睐与自己有共同趣味的应聘者。理由是，招聘新员工对于公司来说，最重要的是"文化契合度"，大家要志同道合，志同道合才能有好业绩。美国西北大学商学院的 Lauren Rivera 教授对美国精英雇主招聘行为进行了多年的研究，近来在《纽约时报》上介绍了文化契合在美国投资银行、管理咨询公司和法律事务所等精英公司招聘新员工中的作用。

Rivera 发现，文化契合度虽然在 20 世纪 80 年代就出现了，但逐渐演变成了一个远比当年更加模糊的概念，并且可能蕴藏着危险。原来这是一种系统性分析，目的是了解哪些人适合哪些工作职位，现在则变成了找玩伴——那些自己更愿意与之一起消磨时光的人。招聘决策人会以文化契合度的名义，招聘那些与之相似的人，而把另外一些人拒之门外，甚至不管其他能力素质高低。虽然说一个人的简历和介绍人可能在获得面试资格上发挥些作用，但是面试官对面试者契合度的感觉却极大地决定了谁是最终的胜者。借用一名投资银行董事经理的话来说，就是"我愿意在暴风雪中与他们一起被困在明尼阿波利斯机场吗？"

具有相同趣味的人在一起共事确实比较惬意。工作技能是可以学习的，而长时间形成的趣味不是容易改变的。谁不愿意同事都是很合得来的家伙呢？某公司领导看新员工，首先不是知识和技能，因为这是可以来公司后学习的，重要的是要看上这个人。至少看着顺眼也就意味着在一定程度上符合公司领导的品位。Rivera 提到有人因为虽然都是球迷，但因属于不同的球队而将对方拒之门外，理由也是不契合。

本来文化契合度是指与公司的价值观和目标的契合问题，而今却转变成是否与招聘决策人的兴趣和品味相契合了。而且 Rivera 还发现，这种现象绝不仅仅局限在银行、咨询公司或者法律事务所这些机构，这已经成了美国企业文化的共同特征。文化契合需要共同的经历和兴趣，这是在性别和种族作为招聘标准成为歧视被禁止后的另一种变相歧视。比如说一个富豪子弟生活的兴致和品味，与一个工人阶级出身的人相似的可能性极低，这样精英公司的招聘者更可能是来自上流社会，而有能力的底层人士极有可能因为不契合而被拒之门外。

不仅仅是社会学意义上的歧视问题，对公司而言，并不是有了文化契合就可以成为优秀的团队。虽然说相似的人有着共同的兴趣爱好工作起来比较方便，但是对于具有复杂决策和创造性的工作，多样性程度高的团队才具有优势。多样性可以带来技术、观念和不同背景信息，这是过于相似的团队所缺乏的。而在美国管理者中，根据 Rivera 的研究，"非结构化面试是最流行的招聘工具，也是他们判断契合度的重要方式，但用它来预测工作业绩的效果非常糟糕"。

所以，Rivera 建议要改变这种做法，加重结构化面试和调查问卷的方法，来避免这种面试决策人过于主观的"感觉"。她提出四点建议：一是要与潜在员工沟通，对于"组织文化是什么"给出明确一致的说法。第二，确保文化契合度的界定与业务目标紧密一致。第三，创建像检查表这样的正规程序来避免面试官主观意识的影响。第四，要考虑如何明确限制契合度对雇佣决定的影响，避免给面试官过大的随意判断空间。

不久前，一个即将毕业的某地方大学的大学生朋友，在中国某城市找到了工作，原来那家公司里有他们学校的校友。共同的母校本身就包含了共同的相似处，这也是一种文化契合度。虽然它不是精英公司，但也同样体现着契合不契合的道理。

（原载《新闻晨报》2015 年 6 月）

车夫的故事

150 年前，那不勒斯，一个车夫被人暗算，花了好马的价钱买了一匹劣质马。这匹劣质马不认路，只挑自己喜欢的路走，上坡时老摔跤，害怕爆竹和铃声，还曾被一群堵住路的绵羊绊倒过。这样的事情发生了，车夫想到的是，本来，一个保护他的黑手党成员可以帮他解决问题。因为这个黑手党成员经常控制着马匹交易，向买主和卖主收取费用。因为这种保护，车夫上一年曾以一匹好马的价钱卖掉了一匹瞎马。可是现在，那保护人进了监狱。没了保护人的帮助，车夫只能买下这匹劣马。最后他感叹称赞保护他的黑手党成员："他真是个伟大的人！"

这是个真实的故事。迪戈·甘姆贝塔在《黑手党：不信任的代价》一文里引用了这个故事，用以说明不信任是如何被人为地制造出来，进而制造出扭曲的作为"商品的信任"，再兜售给大家，从中获利的。

这个故事里的车夫给我们一个非常明显的印象是，他没有是非观，只有利益。他称赞那个黑手党成员让他以一匹好马的价钱卖了一匹瞎马，所以他真"伟大"。这个故事在正常的社会里，乍一看会令人吃惊，但还原到该车夫所处的社会背景里，似乎这种现象又很"正常"。为什么会出现这样的社会？其结果又会是如何？

黑手党的兴起是因为权力的真空和普遍的不信任。根据帕顿的分析，那不勒斯之所以会出现普遍的不信任，兴起黑手党，主要原因在于西班牙人统治下的分而治之的方法破坏了社会中的信任：比如从设法阻止商业的发展和财富的创造到操纵信息，从鼓励宗教迷信到以牺牲双方平等的团结为代价去建立垂直的服从和利用关系，从破坏法律确立的平等到改变性别间的关系，等等。但是，产生了这种社会能够一代代存活下来还另有原因，甘姆贝塔认为，第一个是政治上的原因，就是缺乏有效可信的司法和执法力量，第二个则是经济上的原因，不信任的普遍性导致经济贸易的不可预测性。"每个人都知道，西西里人不相信政府；对超过群体界限之外的人，他们也不信任。"由于经济上的落后，又关闭了多数公民发挥才干表现良好行为的渠道。于是这种状况导致"一个人能为他的行为或野心确立的唯一目标就是超过他的同伴"。西西里谚语中的"同行是冤家"很能显示这种关系。由于没有值得信赖的中央政府，便不能够产生良好的"市场竞争"，其结果是：不是要战胜对手，而是要伤害对手。这就是黑手党的行为，相互使用阴谋和暴力，"宝座"不断易主，"彼可取而代之"。

黑手党的暴力被看作具有保护能力的象征，做黑手党成了荣誉的最重要符号。"西西里的舆论界趋向于把他们视为能以私人方式来解决公共正义的人，而公共正义已被西班牙人破坏，没人再相信它。"

当然这种"公义"是在黑手党控制范围内的事情。提供这种保护，也就是群体内的"信任"是他们制造不信任的结果，从而获得"信任"。车夫相信有了他的黑手党保护人，就可以解决以好马价钱买劣质马的"不义"之问题，这是信任。这种信任也正是对"政府司法"或者其他途径的不信任的反应。据说在西西里，发生偷盗时，如果求助于警方，75%的情况是无所作为，15%能找到罪犯，只有10%能追回赃物；如果寻求黑手党调解，只有5%没有成功。这样的社会里，寻求哪个途径解决问题，从个体理性来说，已经很明显了。所以，对于个体来说，要么移民到其他地方，免受其害，要么顺应这种环境，投靠保护人。这是一个个体理性和集体非理性的困境。在这种困境里，车夫才能那样赞叹他的黑手党保护人真的"伟大"，宁愿意付给保护人保护费，而且似乎是心甘情愿的。也正是因为这种困境，没有一个黑手党凭借自己的力量来组建有效的民主政府，那样整个性质就变化了。这样的政府信任是给这里的每个人的，是公共物品，不再为私人占有和作为商品来出售以获取利益。如果这样任何黑手党都没有存在的机会。而且对一个黑手党而言，提供的信任范围扩大了，"就很难检查受保护的卖主的所有交易，如果劣质货背着他进行交易，他的名誉会受损。"所以，这里就是关键点，"黑手党最终把信任当作一种名额有限的商品出售"，受损的其他卖主其竞争不是靠提高商品质量和价格的竞争力，而是发展自己的力量从黑手党那里夺取垄断权。

作为公共物品的信任，是一个秩序良好富有美德的社会必需的。车夫故事里的黑手党的信任只在群体内，而且是以私人利益优先于公共利益为代价的。而只有通过坚持公众利益高于个人利益,不同亲属群体的人们相互信任,从而不同社会的人也才能够相互信任。用韦伯的话来说就是,"群体外"的也被当作"群体内"的来看待。信任是作为公共物品和社会美德呈现出来的,与之相伴的是经济繁荣。难怪日裔美国学者福山有本关于信任的经典著作,书名就是《信任:社会道德与繁荣的创造》。

在一个缺乏作为公共物品的信任的社会里,强力决定一切。社会美德让位给了个人私利,是非潜沉,公义不彰。车夫的故事,也是黑手党一再要提醒人们的:没有他的保护只能受骗。普遍的不信任和垄断的有限的"信任",这似乎就是意大利南部贫穷落后的历史传统与社会结构之原因所在。

（原载《齐鲁晚报》2013 年 9 月）

可爱的瑞典老头儿

朋友曾寄给我一批书，其中一本是《另一种乡愁》（三联书店，2004）。开始时没有在意，可是后来不时地随手翻一篇又一篇，该书慢慢地变成了我一个不离不弃的好朋友。因为从这个作者带着慈悲的温柔的文字里，我读出那么一个可爱的老头儿来。每次翻翻，都好像在与这个老头儿会心地聊天。这个老头儿就是瑞典人马悦然，也有人叫他"马洋人儿"，世界知名的汉学家。

马悦然 1984 年到 1950 年在四川研究地方方言。曾在峨眉山脚下的报国寺学习，老和尚果玲是他的老师。有次他去听能海法师讲法，而果玲说"那个人是一个挂羊头卖狗肉的屠户！"可是马悦然没有听老师的话，还是去了，而且亲自感受到了"能海法师内在的精神力量不需要语言来表达的"。"我从万年寺回报国寺之后，老和尚果玲有两个星期不理我。"马悦然文章的结尾这句话，很好玩，是委屈，是抱怨，还是什么？不知道，只觉得这句话读来很可爱。

在报国寺的时候，他与几个小和尚处得很好。有时候他会到 5 公里外的地方买东西，顺便每次都给庙里的 5 个小和尚买炼乳。因为他看到小和尚们在长身体，怕营养不够。其中 4 个小和尚都当面喝完了炼乳，只有一个拿着炼乳到七佛殿去，回来时碗是空的，递给他并说"谢谢"。后来他发现，原来这个小和尚每次都把炼乳倒在七佛殿的水沟里了，因为"他不愿意让我知道他最不喜欢的就是炼乳"。可是，马悦然没有生气和责备，依旧每次给这个小和尚炼乳，"让他供养七佛，多买福田"。

在《谈后悔》一篇里，他谈到了最后悔的一件事。在澳大利亚内地，一天晚上在一个酒吧喝啤酒，一个澳大利亚原住民来买一瓶酒，那时原住民不准买酒，那人就把酒放在了大衣口袋里。可惜口袋裂开了，瓶子掉在水泥地上碎了。那个原住民很失望。马悦然说的会"常常想起使我最后悔的一件事"就是这件事。他写道:"我这个愚蠢的瑞典人当时没有想到给那真可怜的人买一瓶酒!到现在我真的为这件事伤心"。这种慈悲心还在另一篇《永久的刹那》里有展现。

他谈到生命历程里出现的几次"永久的刹那"的感觉,是一种"感到时间停止了,或者浓缩成一种包括'一'的一切的刹那"那种审美的经验,他说也许类似于禅宗的"觉悟"。一次,他在纽约出席座谈会,居住的旅馆门外,每天晚上睡着一个年轻的乞丐。一天晚上,马悦然在一家中国饭馆买了几个菜和一罐啤酒给他。当乞丐说"谢谢"的时候,两人眼光霎时间正相视。出现了一种感觉,跟他22岁时曾经在电车上看到一个美丽的姑娘一样:"我霎时间感觉到我的眼光穿进她的心里,她的眼光也穿进我的心里;我忽然懂得我们两个不仅是一体,我们好像跟四海之内,跟全宇宙的一切众生都成为一体。这绝不是一见倾心的感觉,是一种非常强烈的、可是与情欲的满足毫无关系的快感。"在他看来,这是一种美感体验,而"美是真理的一个重要组成部分"。于是,"我现在的研究目的是寻找那种真理之美,满足自己的兴趣。我很可能是一个非常自私的老头儿"。那么慈悲施舍还说自己因为追求的是真理之美,满足自己的兴趣,很可能是个非常自私的老头儿。你见过几个这样的老头儿?当我读到这里,总觉得这是当慈悲心遇到了感恩的心,那种人性光辉的闪现。

看他描述当年在香港等未婚妻陈宁祖时的情景。他每天清早坐火车到罗湖去等宁祖,那里啥都没有,只能空肚子等。而"桥两边的兵当然懂得我在等人。每有一个漂亮的姑娘过桥的时候,他们指着向我吹口哨儿。我只能摇头。宁祖比她们漂亮得多!"

当马悦然1950年不得不离开中国时,转道香港回去。在《旅途之二三事》一文结束说:"人到了香港,箱子也到了香港。可是我的心呢?我的心在哪儿?"多情的、年轻的小马,因为两年的中国生活,中国成了他的第二故乡,他一生都在翻译、研究和传播中国文化。他翻译了很多中国古典文学作品,包括很难翻译的《水浒传》和《西游记》等。他说:"我在翻译《水浒传》的过程中,我真的生活在梁山泊英雄中:鲁智深、武松和杨志都是我的好友"。难怪他会在离开中国的时候问:"心在哪儿?"他的这一问,更显示了他是个可爱的"多情种子"。

这本《另一种乡愁》确实饱含作者对故乡的一种特别的思念。李锐的序言题目是《心上的秋天》，也正是马悦然这个"多愁善感的慈悲心"，更让人觉出他的可爱来。

（原载《齐鲁晚报》2014 年 9 月）

数据·历史·文化

　　美国文化中有个特点，"上帝与数据共舞"。这大概是涂子沛初到美国读书就体会到的，并由此触发了他后来的大数据研究，以布道者的执着精神，为华人世界传播数据理念和文化。在他的《大数据》出版后，两年磨一剑，2014 年又推出了《大数据》的第二部：《数据之巅》。这本书不仅秉承上本书通过数据观照社会发展和民生人文的思路，而且以长镜头的方式，向我们娓娓道来大数据的前世今生：大数据如何在美国的历史上一步步走来，并且形成了美国人日常生活的文化。

　　涂子沛通过数千篇文献的阅读与整理，以数据在美国的发展为主线，归纳出不同的数据历史时代的命名，给人耳目一新的感觉。比如最早的时代，叫"初数时代"，这个时代是美国刚建国，立宪，要解决政治体制和权力配置问题。他们开始数人头，用数据来分权力。这就要求有人口普查。人口普查需要统计员，要对大量数据进行整理和计算，促使数据技术和文化进一步发展。就是这个开头，造成了后来对数据处理技术的迫切需求，进而出现了打孔机，再后来出现了计算机，在早期计算机的基础上，又有了个人电脑，到如今的互联网。看似偶然的人口普查，竟然在一二百年的时间里，演化出了互联网和大数据时代。人类文明的演进就是这样在不经意间过来的，绝不是一开始人们就设计好的。"初数时代"的美国建国者们，不会预料到他们为了权力配置问题开启的人口普查，重视数据的文化，后来竟然激发了个人电脑和互联网的发明，出现了"大数据时代"。

　　数据成为美国人政治和生活中不可分割的一部分。随着统计技术的发展，开始用数据进行预测，进一步推动数据技术和文化的发展。书中一个给人印象深刻的例子是从总统选举的民意调查预测，到对电影《乱世佳人》票房的预测，数据开始以帝国膨胀的姿态向社会各个领域和角落扩张。直到盖洛普的调查全部完成，《乱世佳人》才开机拍摄，而且拍摄方在重大问题的决策上，几乎全部听取了盖洛普的建议。这是早期非常经典的一个利用数据获得商业成功的例子。我们现在的市场调查就是数据商用的历史继承。

数据经过抽样时代，也就是像盖洛普这样的抽样调查之后，随着互联网和传感器等技术的发展，大数据时代来临了。抽样技术并未偃旗息鼓，而依然在发挥作用。同时，因为全数据的可获得性，在一些领域或者一些方面，全数据正走进人们的视野。大数据挖掘对我们社会生活的影响无处不在，极其深远。我们都在大数据之中，不同的人受益或受害可能不一样，但都逃离不了大数据海洋的包围。

作者对数据的历史梳理，是为了服务当今社会。我们的社会正在走向"通往计算型的智能社会"。美国的计算型社会可能是到来比较早的，我十几年前刚到美国读书时，就发现这个国家很重视数据和计算，社会科学对学生的计算要求很高。而这种计算，都是决策所需要的。虽然数据不是决策者唯一的凭据，因为还有利益博弈，但是，首先要拿数据来支持其观点，这是最重要的基础。大概有了数据，才更容易在不同价值观的人们面前获得沟通的基础。我与人合译的扎勒的《公共舆论》一书，就讨论过这个问题。美国共和民主两大党的辩论，怎样能达成辩论的共同平台？就是通过数据。你可以去检验数据的来源、处理过程等，但是只要都能接受数据的说服力，就有了共同的平台。

作者还把"智慧城市"专章做了介绍。这大概是目前数据应用非常有前景的领域之一。城市容纳的人口越来越多，从日常的垃圾处理，到商场购物、出门停车等，如果有了数据帮助我们，就如同有了GPS，生活就便利多了。你可以知道附近哪里有停车位、价格如何、距离多远等，就能节省大量因信息不对称而浪费的时间。

（原载《齐鲁晚报》2015 年 1 月）

第二辑

教育即影响

教育即影响

——2016 年归国札记

教不出"智气"

2016 年是费孝通先生江村调查 80 周年，南京大学社会学院在江村设立了群学书院，并筹备了"费孝通江村访问学人计划"项目。作为首届"费孝通江村访问学人计划"访问学者，4 月初我来到了位于江苏苏州吴江七都镇的江村。4 月 2 日南京大学社会学院周晓虹教授以《孙本文与二十世纪上半叶的中国社会学》为题目，作为群学书院费孝通江村访问学人计划讲学活动的开幕演讲。巧合的是，我第二天讲的题目是《时代·个人·学问：费孝通与〈江村经济〉》。这两位社会学巨擘，都与七都镇有关系。孙本文是 1949 年之前的社会学泰斗，出生在七都镇吴溇村，费孝通是改革开放后恢复社会学时代的社会学大师，他的成名作，即经典作品《江村经济》，就是 80 年前在七都镇的开弦弓村调查的基础上写成的，费孝通给开弦弓村起的学名叫"江村"。这样，我与周晓虹教授的演讲就成了"从孙本文到费孝通：中国社会学百年心路"。

我在演讲里说到，费孝通当年去英国伦敦政治经济学院念博士，带去了两份调查资料，作为博士学位论文的素材：一个是他的清华大学硕士生导师史禄国先生安排的在广西大瑶山的花篮瑶调查，另一个是在吴江开弦弓村的调查。当费孝通向弗思先生拿出两份材料，问选哪个作为博士学位论文选题时，弗思选中的是后者——开弦弓村的调查。不久，人类学功能主义大师马林诺夫斯基回到英国，了解了情况，即刻把费孝通收到门下，亲自指导其论文写作，它就是《江村经济》，此书被马林诺夫斯基称赞为"人类学实地调查和理论工作发展中的一个里程碑"。

演讲后，中央民族大学王建民教授在评议的时候，说到费孝通写作博士学位论文的事情，他说费先生一直对大瑶山的调查情有独钟，并不是江村调查。而后来在江村，我与了解费孝通更深的、费孝通先生访江村时曾亲自接待了他二十多次的姚富坤先生聊天时，姚富坤说出了不同的看法。姚富坤先生告诉我，他不同意王建民的观点。他说，费孝通在大瑶山的调查是要完成导师的任务，是广西李宗仁那里的一个课题，要弄清大瑶山居民的来源地，是从缅甸还是从越南等地移民来的，所以测量他们的身体骨骼。即便费孝通不断念叨大瑶山调查，也只是因为他的新婚妻子王同惠在大瑶山调查中牺牲，他对此一直念念不忘。而后来费孝通在大瑶山受伤后来到江村养伤，对江村的调查才真正是他的兴趣和志向所在。费孝通想把自己学习的研究初民部落的人类学方法，应用于研究有着悠久历史文化的文明社会，江村调查就是尝试，费孝通非常有激情，这是他自己真正感兴趣的。这时候姚富坤引用了当地一句俗语："教出来的是臭气，想出来的是智（志）气"。有人说是"智气"，有人说是"志气"，"智气"是智慧，"志气"是志向或者意志，不管哪个，都比"臭气"好。也就是说，费孝通对江村的研究，是自己"想"出来的，不是老师指派的，所以饱含"智慧之气"，或者"志在富民"的"志向"，从而成为社会学人类学的经典研究。

从个人对费孝通先生的了解和对教育的观察来看，我觉得姚富坤先生的观点和分析更有道理。我们不妨引用费孝通在当年江村调研时写的《江村通讯》里的一句话，来佐证费先生当时的激情和兴奋："虽说我是个本乡本地的人，而回去一看，哪一样不是新奇巧妙得令人要狂叫三声。这一个月紧张工作，只令人愈来愈紧张。"

教不出的"智气"，这也是教育上一定要注意的。好学生不是"教"出来的，而是给他们自由空间，自己成长出来的。发挥学生自己的主动性，"学而时习之"，自己学出来的；老师在那里"教"得过多，看上去老师很卖力，实际效果却适得其反。

实验学校：教育是影响

南怀瑾先生为中国教育的突围，成立了太湖大学堂，并办了国际实验学校，2006年首届招生。早就拜读过南先生的不少作品，非常赞佩。群学书院恰巧与南怀瑾先生的老太庙在一起，且其对门是太湖大学堂。我的演讲主持人是南先生的弟子古国治老师。从而天时地利人和一起，让我有机会多了解一些这个为教育突围而办的实验学校的情况。正好素斋厨房的掌厨李先生，其小女就在这所学校就读。

我与他们一起吃素斋。一次用完晚餐后聊天，有位女士带着两个孩子也在这里。这两个小孩都是实验学校的学生。当时，有人提议他们背诵《大学》，马上开始"大学之道，在明明德……物有本末，事有始终，知所先后，则近道矣……"，背了很长一段，接着又背诵了老子《道德经》部分内容，背得真好。在南先生这所实验学校里，读经是肯定的。传承发扬中国传统文化，怎能不背诵这些经典呢？甚至《圣经》一些篇章，也被选为教材。还请来了少林僧人教武术。中西古今结合，文武一起教育，这就是实验。

就在 2012 年南先生逝世前的 6 月，实验学校第一届学生毕业了。在给毕业生的"临别赠言"里，南先生这样说："我们的学校取名'实验'，就是为了实验我们的理想。""我五六岁开始读书，把自己做文化的读书的方法，研究学问读书的方法，都告诉大家；我 19 岁出来工作，21 岁带兵，我希望你们也能文武合一，古今文化合一，你们长大了就会超过我们。""在这里，你们学习的内容是生活的教育，大的照顾小的，爱同学，爱团体。教育不是管理，而是影响，你们现在毕业了，把所有的经验带出去，带到社会，可以断定你们今后是顶天立地、与众不同的人。""做人的根本是生活，你们要知道人生，什么叫人生、什么叫生存。衣食住行，处处要规矩礼貌，把生活处理好，人生基础稳定了，才能用这个影响家人父母，到社会上造就社会人。人生不是一张文凭一个学位。"用南先生的话说，教育的目标是"技在手、能在身、思在脑，从容过生活"。

这里强调的"教育不是管理，而是影响"，是值得教育管理者们深思的。润物无声地渗透影响，才是教育。来自言传身教，来自身边的环境里的一草一木，一山一石，他人的举手投足。念书不是为了文凭，不是为了学位，而是为了学会处理好生活。衣食住行，处处要规矩礼貌；要关爱他人和集体，做顶天立地的人。

我知道实验学校文武全学，只是太匆忙，未来得及到学校体验体验，实地考察一番，甚为遗憾。

参加经典诵读，一种新体验

这几年中国国学热带动了一些学校的中国古典诸如四书、五经、老庄著作的学习。永城市第二小学是当地经典诵读的典范。王献岭校长在学校不仅让学生学习读经，而且老师们自发组织了一个读经班，下午下课后读上半小时一小时，大家齐声朗读。

我 2016 年 1 月出版了一本《让教育多一点理想：陈心想教育随笔精选》，该校给许多老师都订购了。正好我回到家乡的时候，王献岭校长突发奇想，让我到他们读经班，给老师们发书，作者亲自发书，也颇有纪念意义。这样，我有缘到了这个读经班，当天在读《道德经》，带拼音的读本。发完书后，我对此书的前前后后做了一些介绍，之后加入了他们三十多人的读经班。虽然我从大学时就喜爱读《道德经》，但从来没有这么多人在一个教室里齐声朗读过，那气势，实在令人振奋。读过后，感到身心清爽，非常惬意！据说，一些老师把全本的《论语》《道德经》等都背诵下来了，并且面对录像机录了下来。

第二天，我为市直各中小学领导和教师骨干做了一场题目为"教师的价值和教育的理想"的讲座，其中就谈到读经典的重要意义。当我们把这些经典背诵下来后，在不同环境下，不自觉地就会冒出某些句子，帮助我们开悟对自然对人生的认识。

在江村老太庙，与宏忍尼师刚说几句话，她就安排赠我南怀瑾先生的《话说中庸》。我想她是有深意的。拜读后，我对经典诵读的认识更深刻了，也进一步加深了我在《让教育多一点理想》一书里的看法。教育需要多一点理想，这种理想来自对古典经典的学习和体悟。

我在永城二小的演讲由市教体局赵先立副局长主持。演讲后，连同作协主席陈玉岭，诗词协会会长朱继彪等老师，我们一起参加了永城二小老师们的读经班，继续读《道德经》。我想从太湖大学堂到永城二小，都在做着为教育多一点理想的事业。这是中国传统文化得以传承和发扬的生态环境，值得研究和关注。

我明显地感受到，读经的老师和学生大都比较彬彬有礼，温和儒雅。有经典的熏陶自不一样，甚至在读经典的地方，地方官员的言语行为都与众不同。在江村群学书院，江苏吴江一名地方政府职员沈远林先生就是非常突出的例子，经典熏陶下的地方官，学问修养令人感佩！

这是我这次不经意地对国学经典学习的观察和体会。

巧遇"80后"出家师傅

巧遇一位"80后"出家师傅，两次深夜畅谈，让我再次感叹，环境对教育的重要：教育是影响。

他出生在中原一个乡村里，2000年前后初中还差一学期没有毕业，就去了在广东打工的父母那里打工。后来因缘凑巧，与寺庙结下了缘，剃度出家。

虽然他初中没有毕业，可是现在可以说满腹经纶，学问很深。我非常喜欢和他聊天，很有味道。我后来写给他一首诗，后两句是"夜茶不及君再沏，闲谈已到话别时"。虽然是漫天闲聊，但头一个晚上聊的主要是乡村转型和发展问题。因为我即将出版一本名叫《走出乡土》的书，所以非常留意乡村发展和乡村问题。话题也是从他当年在乡村学校的教育情况开启的。他说，他那里乡村教育质量很差，他也算是留守儿童，根本没有心思念书。在别人看来，再坚持一个学期初中毕业不好吗？他说，上学上得实在不想上了，实在没有意思。

他对农村了解分析是深刻的，包括像离土离乡，还是离土不离乡这样的农村发展问题，都让我很有启发。他有自己的图书室，藏书丰富，阅读面很广。不仅读佛经，经济、政治、文化、历史、教育都读。当谈到许倬云先生的书时，他也读过，还到书架上去找。第二次夜谈，看到他刚刚收到的两本许宏先生的关于夏商周时代的文化书籍，有考古发掘出的各种工具器皿等等的图片和文字介绍，厚厚的大开本。他说，谈中国文化，必须学习到底是什么，不能虚谈。2016年，他购买的第一本书是郑也夫先生的《文明是副产品》，从阅读中受益匪浅。

他的书法也很好。从与他后来的通信中知道，他很赞同"教育是影响"的观点，并举出他之所以坚持学习书法来说明。初三时语文老师在黑板上用粉笔演示楷书中之竖勾时，其中勾的部分称为"鹅头笔"，老师那一笔下去，他瞬间感觉到书法之美，真是太美了，至今十余年仍在脑海不曾忘却，也就是那一笔使他十余年坚持学习书法。他说："我想这就是我在受教育阶段老师对我的影响，不在多，在于能真正影响心灵。"

他的从容淡定，一点也没有初中未毕业的打工仔的影子。如果他一直在乡村，在他的老家村子里，没有走出来，会有这样的长进吗？

教育如种树，整土还是整苗？

在江苏吴江江村群学书院访学，遇见古国治先生。古先生戴着老式鸭舌帽，一身中式藏青色布衣，叼着古典大头烟斗，总是笑眯眯的，祥和庄重，儒雅睿智，谈起话来，从容和缓，娓娓道来。古先生总让人想起同爱叼烟斗的林语堂先生来。

古先生追随南怀瑾先生数十年，在教育上得南老师真传。他在多处进行过演讲。在如何关爱孩子上，他有两个观念这里值得一讲。第一个是：功课重要还是关系重要？永远是关系重要。如果为了孩子的功课学习，家长把与孩子的关系搞坏了，就糟糕了。一旦父母子女关系不好了，就不是理性的问题了，你说得对也好错也好，他们都当作耳旁风。师生关系亦如此。这也是我近几年一直强调的"关系型教育"，有了良好的关系，才有教育。在这一点上我们不谋而合。

另一个观念是：种树，是整土还是整苗？种过树、种过庄稼的人都知道，土松好了，灌溉好了，肥上好了，苗自然好长。若一不小心动了苗，问题可就大了。虽然树也需要剪枝，但只是在适当的时候。用到教育子女上，这里的"土"，按照古先生说，就是父母。父母管得太紧，"泥土太紧的话，苗就长不好"。所以，给孩子松松土，给他们自由空间，别处处限制、处处约束，总之，提供一个有阳光雨露、空气温暖的环境，让他（她）自己长，成长永远没有人可以替代，而且不要天天去看，那样好像老见不到成长、变化。郑也夫先生近些年提出消极教育观，就是针对当下家长、老师对学生干预太多、过于积极这个问题的。

家长满足孩子的要求，或者表达爱心，会有给予。我们知道，给予本身就是一种干预，它会改变对方的心理、期待和行为。不管是家长，还是教师，通过奖惩，每天都在"给予"学生和孩子些什么，正如郑也夫先生在《文明是副产品》一书中所说："父母的过分给予也是问题产生的主因。

父母肯定是要给予的，因此这里的问题就是该给则给、不该给则不给的原则以及分寸问题。"幼年时、困境中，过分的给予会腐蚀他们的自立，溺爱——父母过度的给予，使孩子背离了常规，会造成孩子发展的异化。

人才成长不是可以具体计划的目的性产物，而是复杂系统相互作用的结果。从这一点来看，人才一样也是"副产品"。往往那些计划出来的产物看似积极，实则"功利短视"。在《吾国教育病理》一书中，郑也夫说："对人的发展，对创造力如何发育，承认自己无知，稍事避免莽撞，可能更明智和可取。我以为，人类的能力中最微妙的是选择能力……天才人物的选择都是他们自己完成的，早年在选择上受到的帮助越大，很可能越难发育出自己的选择能力。"

从这个意义上说，孩子的成长过程，如同树苗成长一样，家长尽可能做好整土工作，少去整苗。家长少些干预，孩子多些自由，才是时下教育需要注意的。

2016 年 5 月 25 日于美国星城家中

（原载《教师月刊》2016 年第 10 期）

成长的乐趣

——2017 年归国札记

艺诀须师徒传承

不久前曾听罗振宇讲，中国高考是最公平的，我们有的是统一的教材和考试大纲，只要你买得起教材和笔墨，自己死扣，也可以考出很好的成绩。那些上层家庭的孩子，尽管旅行了全世界，见多识广，但这些也不考，考的还是教材和考试大纲上的。所以，高考面前不存在阶层间的不平等。乍听起来，似乎有理。对呀，统一的教材和考试大纲，你死扣扣明白了，就会考试了。可细想起来，不对，那些分配不平衡的教育资源难道就不对学生学习起作用了吗？比如，一个教师的水平高低不同，他的学生学习知识掌握技能的程度就会不一样。至少我们不能忽视教师在这中间发挥的重要作用。因为自古"学艺"皆须师从，自己摸索，不仅容易走弯道，甚至会"走火入魔"。

在旅途火车上，和一个在北京做厨师的小青年聊起了闲话。他 20 来岁，东北人，回家探亲。当聊到他对未来的设计时，说到了大厨收入和在厨房里的地位。我原来以为大厨最牛，可是他告诉我，不是，最重要的人是做腌渍肉的师傅，收入最高。那需要很高的技艺，拿捏得好，腌出的肉看上去又新鲜，又容易炒，不硬，口感好。那就学这个手艺吧。他说，不好学。我说找来有关的书看看，研究研究。他说只看书不行，必须拜师傅，有师傅教才成。有些细微的东西，必须看师傅示范，由师傅指点，自己再反复琢磨，那个书上没有的东西才能学到。

听了小伙子一番话，我就想到了上面罗振宇说的那些话。这个腌肉师傅带徒弟的例子非常形象地说明，在学习中，一些微妙的"秘诀"是需要老师带的。无师自通者少，那要天分很高。即使可以无师自通，若有名师指点，水平自然不在同一条线上。而且这种师徒之间传授"艺诀"的过程必须是亲自在场的互动，而不是看看视频，通个微信就可以的。

教师的作用是书本和电子视频所无法代替的。我不知道未来机器人是否可以替代教师的所有功能，但我判断机器人极难会有老师亲自在场面对面的微妙互动，也因此教师这个职业不太可能完全为机器人所取代。

既然教师有这样的无可替代的作用，教师资源的分布对教育资源的公平分配而言就是一个关键。郑也夫先生曾提出一个解决贫富区域之间教师资源不平等问题的方案，就是教师流转，三到五年流转一次，让贫穷地区也能有高水平的教师资源。当然这个方案实施起来也不容易。

他在用心发现

我与《教育时报》编辑吴松超先生神交已久，通过他的编辑也发过一些关于教育的小文章。这次在郑州终于晤面夜谈，相见恨晚。松超与我年岁相仿，人很喜兴、精神，谈话略有矜持。他大学专业是化工，可是在化工厂工作了一年，非常不满意，遂报了《教育时报》编辑招聘，工作至今。他上学时爱好文学，对教育又有着一股豪情，到《教育时报》做编辑真是太对了。从他一谈教育就两眼放光，嘴里滔滔不绝，就可以看出他一直保持着的那份豪情。松超读过拙著《让教育多一点理想》，该书符合他的价值追求，这样我们的共鸣让我们一见如故。

我感受最深的一点是，松超对教育的理想和追求，具体实施在了他每天的工作中，他在用敏锐的触角去发现好的教师和好的课堂。他负责课改栏目多年，发现了许多对教育倾情奉献的教师对课改有创新的好活动。他对这样的教师进行报道和鼓励，对新课创新进行报道和宣传，让更多的教师有了学习的同行榜样，也有了可借鉴的课改。河南安阳的闫付庆老师对我讲过，松超从他的文章发现了他，他的班主任经验还得到省级优秀班主任奖。也因为这种发现，郑州某中学还邀请闫付庆专门给他们做过关于读书的讲座。

从我有限的了解知道，得到过松超鼓励和帮助的一线教师数量颇为可观。他作为编辑，面对那么多的稿件，还会通过对文章的评阅反馈来与老师沟通，进而修改和发表。即使实在发表不了，他也会给予积极性的鼓励反馈。在时间紧张的情况下，这是很不容易的。

我们聊到了老师的不容易，老师的压力很大，收入又不高，要照顾家庭，学校里还得守着。面对社会上办班增加教师收入这样的事情，只能表示无奈和同情的理解。尤其对那些贫困落后地区，他更是着力帮助，以消减教育资源的不平等。我认为松超在做菩萨愿行，他尽自己的力量来帮助老师们成长，促进课改，提升教育质量。

我们还谈到了为了教育公平问题的解决，多所重点大学出台的针对农村贫困地区考生的专项招生计划，实行的单设批次和单独划线，也就是配额制。据说这种政策的招生力度在逐年扩大，从起初全国每年 1 万名指标，上升到 2015 年的 6 万名。有学者对此提出反对意见，认为不该有这种配额制，一是配额的结果是招收了低质量的学生，二是对其他学生不公平，三是操作起来容易有猫腻，结果也没有照顾到贫困落后子弟。所以这些反对者提倡从小开始政府提供帮助。我们支持这种提倡，美国的早期儿童项目（比如，Head Start Program）就是对贫困家庭孩子从 3 岁至 4 岁开始联邦政府出钱帮助他们的学习和成长。但是你不能让已经要高考的人返回到婴儿时代再重来一次，你去辅助他们。既然他们长大了高考了，不妨照顾一下。我记得郑也夫先生在《城市社会学》里提到城乡教育不平等和配额制问题时说过："其实就学生的潜力和后劲来说，也应该是早年条件不好的群体在获得同样条件后更出色。"是不是这样？"这个事情是非常值得认真研究的"。如果这个猜想为真，那么实行这种照顾政策就又多了一个坚实的理由。

松超与我都认为应该有配额制，而且配额并不一定意味着招收差学生。再说，如果一个地方从来不能出来一个大学生，或者一个重点大学的大学生，那么这个地方的人就很少有这个念想了。如果你照顾一下，至少不会找不到一个聪明合格的人选，稍微照顾点，也让这个地方的人有了希望，让这个地方也不至于与大社会脱节。

松超下班很晚，第二天一大早还要去外地采访。夜已深，我们两个小时的谈话不得不打住。以《教育时报》为平台，松超继续着自己的发现和宣传，继续着在教育的理想之路上前行。他并不孤单，不少同事和同道们一样富有教育豪情和理想。

读经，读进去还要出得来

在 W 城，偶然听到几位老师在闲话国学读经活动。我一直以来以为读经没什么不好，中国古圣先贤的智慧应该学习。听到他们的争论，我知道有些活动偏颇了，走极端就不妥了。

一个老师说，他那个小学，校长靠着读经成名了，带动全校老师学生一起读经。有些老师已经熟练流利地把《论语》《孟子》《道德经》《孝经》等多部经典背下来了。我想这么厉害，那不成了文化大师了，我一部都背不下来。了解了才知道，只求背诵，不求理解。古人背诵这些经典，有"小学"识字基础，这些老师没有这个基础，理解不了那个意思，也不去看人家的讲解，就是死背下来，还到处去传播经验。一方面读经成了名利之源，加剧了这种死读；另一方面，读进去了出不来，又理解不对路，变得神经分分，让人感觉怪怪的。

据说有个搞国学的老人家，还努力主张搬出孔子后人来做"君"位，把儒家那套尊卑礼仪搞出来。真不知今夕何年！希望读经读进去，还要出得来，我们已经快要进入 21 世纪的第三个十年了。

我也读经，《论语》《老子》《庄子》《圣经》《金刚经》等，没有一个可以全背下来的，只会部分句子。只有短小精悍的《心经》可以全背下来。我从未反对读经，但从未敢忘记时代。每个经典的诞生都有其社会历史背景，儒家的伦理脱胎于农耕社会，在工业化和信息化时代，古典的东西就需要"取其精华，去其糟粕"，不加分别地一揽子收下，是不妥的。

物理学家费曼在《发现的乐趣》中有句话说："认为先辈大师们字字珠玑、说的都是绝对真理，这样的信念是很危险的。"他虽然说的是科学领域的事情，但人文方面同样也适用。

经典可以新解，来服务现代社会的需要。比如，对于"人人皆可为圣人"，新儒家杜维明的新解是，不是说我们每个人都是圣人了，但每一个人，每一件事情它都有神圣的意义。我觉得这个解释就很好，直接针对我们当下许多人对人对事已经不具有任何"敬畏"，没有赋予其"神圣的意义"。古典社会学家马克斯·韦伯曾说：人是悬挂在自己编织的意义之网上的动物。当把人与事的神圣一面抽掉之后，背后就是人生意义的丧失，社会伦理的塌陷。做什么事情都没了点神圣意义，那怎么能成?!

重要的是"成长的乐趣"

漫漫求学路上下求索，需要有动力。在郑州大学讲座提问环节，一个研究生同学因为讲座里谈到了社会阶层问题，他就说到学习的动力是不是来自向上逆袭。他说他来自农村，就是为了改变命运，脱离农村，他问我是不是也是这样的动力走到现在。我回答他的问题，我说这么多年来主要动力不是要改变命运，而是学习的乐趣，尤其是对社会学研究非常有兴趣，所以学习从不觉得辛苦。要说为了走出农村改变命运，有些时候也确实有这个因素，但不是主要因素。如果这个是主要因素，这么些年坚持下来，不大可能。那样也许就不会去读博士了。查理·芒格有句名言："如果真的想要在某个领域做得很出色，就必须对它有强烈的兴趣。"

如果对做一件事情没有兴趣，做起来既觉得枯燥，又很累。我们从上学开始就为了升学考试学习，不少学生忘记了自己的兴趣。能够在没有兴趣的情况下还可以长久坚持的，实在不容易。学习需要至少两个支撑点同时发挥作用，一个是有兴趣，可以获得内在的奖励，就是热爱、高兴；另一个大概就是外在的收益，比如考入好的学校，以后学个挣钱的专业，提高社会阶层，等等。就如同一些英语培训老师教准备留学的学生学习英语背单词一样，想着记住一个单词，就获得了一个"美刀"（即 1 美元）。这也是一种激励方法。

每个人在求学路上的动力来源大概都是多元综合的。但要有长进，还是要以兴趣为主，发展自己的专长。越有兴趣，做得越好，内外在的回报自然都会很丰厚。内在很重要的就是可以体会并享受到"成长的乐趣"，这是一切伟大人物都不可缺少的品格。心理学家米哈里·契克森米哈赖称之为"心流"，就是一个人投入一种自己喜爱的活动中达到的忘我境地，是精神上极高层次的境界。超越了功力，也忘却了压力。

耐克公司（Nike）创始人菲尔·奈特大学时代在田径队，对跑鞋有关注，后来读斯坦福大学 MBA，毕业论文就写了《日本运动鞋是否能打败德国运动鞋，就如日本相机打败德国相机》，这就是他的关注、他的兴趣所在。后来他创办了耐克公司，耐克为成长为鞋中的世界名牌。

压力太大，功利性太强都容易压抑兴趣，从而也遏制了创新和灵感。回到求学路上的动力问题，一定要注重兴趣的发现和保护。如果兴趣不能得到保护，不断地获得这方面的内在激励，也就是有新发现新事物的注入，必然造成枯燥，从而兴趣消失。求学路上也不可压力过大，尤其是功利性带来的压力。寒门子弟跳龙门的事情，本身就压力很大，能够让他们保持读书求学的兴趣，确实不容易。这时候，大概"跳农门"的激励更重要。庆幸自己能够以兴趣为主，支撑了漫漫求学路。教育本具有两大功能，一个是提高自身修养和能力，另一个是提升社会地位。现在把后者的重要性提到压倒性的地位，甚至以牺牲前者为代价，则缺少了"成长的乐趣"。

（原载《教师月刊》2017 年第 11 期）

家长若无为，孩子才有为

在一个教育成为普世意识形态的时代，每个青少年都有一个远大的教育梦想。野心勃勃的青少年瞄准的是世界名校。也许这就是这个时代的不可阻挡的趋势。美国社会学家 John R. Reynolds 和同事们曾进行了美国高中高年级学生的教育预期计划和同一年的实际情况的比较，他们发现从 1976 年到 2000 年的 25 年间，高中生高年级时打算拿到四年大学本科学位的百分比与实际拿到的人的百分比的差距翻了一番。也就是说，越来越多的青少年打算要拿到大学本科学位，实际上拿到的人却没以同样的速度增长。这种现象被称为"野心膨胀"（ambition inflation）。

预期与实际的差距，结果就是许多学生未能实现自己的愿望。那么，根据心理学的自我差距理论，那些没有实现愿望的孩子会产生精神和心理健康上的问题。John R. Reynolds 和 Chardie L. Baird 利用美国国家青少年长期调查数据对这个理论进行了检验。他们发现，这种教育预期与实际教育成就的差距并没有造成青少年成年后的精神健康问题。之所以会这样，原因在于那些孩子具有"适应弹性"（adaptive resilience）。大多数孩子能根据实际情况来调整自己的预期，只有那些紧抓着理想预期不放的学生才容易产生心理健康问题。

社会学家 Steven Hitlin 和 Monica Kirkpatrick Johnson 2015 年 3 月在《美国社会学杂志》上发表的一篇长文就讨论了人们生命历程中向前看的力量，分析了主观能动性对生活机会的影响。他们认为不仅要看到能力对成功行动的影响，也要注意到时间性。青少年时候的自我期许较高，可以是学习提高的一种动力。当然这些孩子大体上会不断调整自我预期。比如 Kristian Bernt Karlson 近期发表在《社会力》上的研究，就提及高中生会根据学校对自己释放的信号来调整自己对教育的预期。如果他们被学校的高级课程班或者荣誉班选上，他们就会调高自己的预期，否则就会调低自己的预期。

　　如果说青少年的教育预期设置偏高，即使后来达不到也不打紧的话，不妨让孩子们放飞自己的教育梦想。中国有句古话叫："取法乎上，仅得其中；取法乎中，得乎其下。"美国青年文化里有一种追梦野心，他们中的多数人总认为自己的一生里能够上大学，拿到一个四年大学本科学位，获得专家职位。

　　当然，达不到目标的学生还是多数。这里不妨说说归因问题，因为孩子认为达不到目标的原因很重要。实际上，孩子把原因归给谁，才真正影响他们的个人自信和心理压力。通常而言，如果把原因归为个人能力问题，这自然会打击自信心。而心理学家的研究认为，人总体上会普遍高估自己的能力。如果孩子把原因归到外在因素，比如家庭经济条件差，父母学历低不能够给予指导等，这样就不会造成孩子们的精神负担和心理问题。

　　回到中国的青少年教育现状，我们可以看到，青少年普遍对自我的教育预期比较高。中国的家长更是在望子成龙和"唯有读书高"观念的作用下，对孩子抱有较高期许。过高的期许，如果超出孩子的实际能力，对孩子的压力就会过大。这样的话，孩子的自主调节性就小了。就如上面说到的，孩子会根据学校安排他们上的班的情况估计自己的能力，调整自己的教育预期。可惜的是，中国青少年在父母的裹挟下，很难自主调整自己的预期。"适应弹性"是保证"野心膨胀"不会造成负面后果的良药。而"适应弹性"这种能力主要来自孩子本身的感受和调整，家长很难帮到他们。在这方面，家长还是尽可能无为而治吧。

（原载《新闻晨报》2015 年 9 月）

没有文化，何来创新

经济繁荣动力源自创新。诺贝尔经济学奖获得者埃德蒙·费尔普斯（Edmund Phelps）2 年前出版了一本《大繁荣》，研究了草根创新带来社会繁荣，这对我们正在提倡的"大众创业，万众创新"很有启发意义。

费尔普斯回顾了经济史上繁荣的产生，得出的结论就是要有利于创新的文化。他认为正是 19 世纪的英美和后来的德国与法国，形成了源于文艺复兴的个人主义、巴洛克时代的生命主义，以及罗马时期的表现主义在此文化下的探索、实验，实现和最终的创新，带来了经济的繁荣和发展。创新不能只局限于精英群体，而是要实现"大众创新"。在经济史上的经济发展和繁荣时期，很多大发明者都出身草根。比如，被称为"火车之父"的乔治·斯蒂芬森，在 17 岁之前一直是个文盲；美国的梅里特·胜家改进了缝纫机，实际上他是名铁匠；约翰·迪尔研制了不粘泥土的钢犁，并以此创办了美国的迪尔公司，原本是名机械工人……这些例子都是草根发明创新的典型例子。

草根创新说明的是，普通人一样具有创新的能力。正如费尔普斯所说："甚至那些天分很低的人们，他们也具有利用自己大脑的经验：抓住机遇，解决问题，以及用新思路进行思考和对新事物进行考察"。这就是说，每个人都有想象力和创新力，都是潜在的创新者。因此，费尔普斯提出两点来促进社会大众创新和经济繁荣：第一，降低进入门槛，政府不要插手对现在的公司进行保护；第二，我们的家庭和学校应该不要压制创新者。

为什么说是家庭和学校压制了创新者呢？其实还是与第一点有些关系，因为行业保护制度，造成了传统的保守主义和物质主义，限制了年轻人的创新。学校里不鼓励探险文化，家长也是从小就教孩子谨小慎微，儿童常常会被过度保护。如果从有助于创新的角度出发，需要给予年轻人自由空间，允许他们去探索、去尝试新事物、去冒险。2014 年的《大西洋月刊》

就刊发了汉纳·罗森的一篇文章，专门讨论过度保护的孩子这一问题。父母都是从自己的观念和经验出发，督促孩子毕业后赶紧找一个高薪稳定的工作，而不是自己创业，学校里的思路通常也是这样。

要实现经济繁荣，激发人们的创新精神，就要改革我们的教育。我们常常有这种感觉，学校里教的东西在工作中似乎用不上。费尔普斯认为，问题不在这里，关键在于我们没有让年轻人知道，经济活动应该是这样的：在这里参与者可以想象新事物，企业家可以预期来实现这些想象的事物，而投资人可以给予风险投资。这就是经济活动的形象。这个形象会告诉年轻人，经济活动提供给他们一个富有想象力和创新的职业。教育要让学生接触那些实现人的价值的人文著作经典，培育他们获得想象力和创新力的文化底蕴。想象力和创新力才是经济生活的核心。教育提供的文化土壤就是一套探索和尝试创新的价值观。

其实，我们也可以这样理解费尔普斯的意思，教育提供创新文化就是家长和学校对孩子进行这样的教育——少些功利心，少点干预。因为过于功利的高薪和保险的工作观念，常常带来保守和狭隘。那么，教育能够促进孩子们的创造力吗？根据郑也夫在《吾国教育病理》里对创造力的研究，认为因为我们认知上的不对称，也就是不知道教育如何促进创造力，但是知道教育如何摧毁了学生的创造力。所以，对于学生创造力的开发，教育所能做的，也仅仅是"提供一个宽松、宽容、自主、自在的学习环境，不做其他干预，不期然地，创新性人才就产生了"。而不管家长还是学校，其功利心带来的干预，往往正是摧毁学生的创造力的主要因素。这样说来，大众创新的社会需要的是自由的文化价值环境。

（原载《新闻晨报》2015 年 12 月）

美国精英教育批量生产"优秀的绵羊"

美国高校注重对知识和传统精英精神的双重培养，其被视为精英教育的一个典范。要申请顶尖的私立大学，单凭 SAT 高分不够，还必须依靠丰富的课外活动或志愿服务来增加自身的申请筹码。即便如此，也未必就能被顺利录取。其竞争之激烈可见一斑。但这些最终被挑中的精英们，在大学里过得怎么样？毕业后都去了哪里？

耶鲁大学前教授威廉·德雷谢维奇（William Deresiewicz）在他的《优秀的绵羊》一书中十分悲观地认为，美国的精英教育遭遇失败：在哥伦比亚、耶鲁和普林斯顿等常春藤盟校中，1/3 以上的毕业生都在从事金融和咨询两大行业。学生的多样性被磨灭了，变成了只懂得顺从和谋生的"绵羊"。他们尽管有一个漂亮的成绩单，但大多内心空洞，焦虑不安，缺乏对学习和生活意义的严肃思考。

"他们是优越感爆棚的小王八"

德雷谢维奇把精英大学的学生比喻成"优秀的绵羊"，确实很形象。说他们"优秀"，是因为这些学生学习成绩很出色，考试成绩基本上都是 A，校内外课外活动项目很棒，学校要求的任务都完成得很好。

说他们是"绵羊"，是说他们都很顺服，又从众，在群体里失去了个性。他们为了表面上的优秀谨小慎微，甚至为了保持"优秀的"成绩，不去选那些难度大但是真正有兴趣有水平的课程。

但是，这群绵羊又高傲自大，而且脱离社会实际，作者轻蔑地称之为"优越感爆棚的小王八"（entitled little shit）。用我们的习惯说法，他们脱离了群众，也就是缺乏"常识性智慧"（street smart），成为"书呆子"。

像曾竞选美国总统的戈尔和克里（笔者在明尼苏达曾现场听过克里的总统竞选演说，对其书呆子气很有感受），分别毕业于哈佛和耶鲁，都无法和选民有良好沟通。小布什是个例外，智商虽然不太高，但还能跟选民打成一片，成功连任。

"录取制度改变了他们"

德雷谢维奇认为"优秀的绵羊"的问题，原因在于体制，如同我们的高考，就是伺候"科举"的。精英大学的新生录取体制给出的标准和看重的成绩，决定了学生们在大学前就在家长、教师和学校顾问等多年的"打理"下，失去了自我。

为了上精英大学，就要按照成功上藤校的标准目录表，比如课外活动、社区服务等，一条一条打钩，整天忙得团团转，哪有时间静听自己内在的声音，问一问"我是谁？""我真正需要什么？"这类问题。这些通往成功的目标都是外在设置好的。即使选专业也是奔向经济、法律、金融、管理之类，目标也是华尔街，不管自己是否适合，都是以外在的"成功"来塑造自我。

而恰恰是目标本身的设置，也就是方向才更重要。这就是作者所一再强调的，美国在过去一二十年里缺乏优秀的领导者。领导者就是找出方向设置目标的人。美国前总统老布什曾在回答他的对手，毕业于哈佛法学院的迈克尔·杜卡斯基所说的"无关意识形态，只关系到能力"时这样说："能力让火车准点行驶，但是不知道驶向何方"。当然，设置目标也是一种能力，而且是稀缺的能力。

"商业精神殖民了我们"

德雷谢维奇认为，大学的使命首先就是教学生会思考。笔者很同意作者的这样一个观点，人们都说大学"不是真实的世界"，也就是我们常说的"象牙塔"。正是这样的环境，大学生活是在离开家庭之后，走上社会工作岗位之前的一段特殊时期，是人生非常宝贵的发现自我、建造自我的时期。能够与现实世界拉开距离思考问题。

这是一个应该思考诸如真理、美德、正义、价值等大问题的时期，可惜美国精英大学极少教学生思考这样的大问题，而都是具体专门的小问题。越发缺乏人文，同时商业精神就越强大。在又一届大学新生即将入学之际，希望那些即将步入大学校门的大学生认真读读这一章，将会为你们如何有意义地度过大学生活很有帮助。

美国精英大学的这种被商业精神同化的现象，在很大程度上也是高等教育里的一个令人担忧的"军备竞赛"造成的问题。雇主的行为和偏好，直接引导着大学生们朝哪个方向努力，引导他们把时间、资金和精力投资在哪些方面。理解美国就业市场上雇主的招聘行为和偏好，可以帮助我们理解美国精英大学为何会培养出"优秀的绵羊"这个问题。美国西北大学商学院的 Lauren Rivera 教授就对美国律师、投行和咨询公司精英雇主的招聘行为进行了研究。

一个学生即使上了美国超级精英大学，要想进入那些精英公司获得精英职位，就要进一步在课外活动等方面继续竞争。如果你能参加一个世界巡回演出的知名乐队，或者某项技能拿到全国冠军或者奥运奖牌，当然很受雇主青睐。一旦这些学生为了让自己有一份在求职中容易胜出的简历，在为出色的课外活动和各门功课的完成而努力，则很难具有德雷谢维奇所说的自由，无暇思考自己真正的追求和人生的意义了。

在中国，钱理群教授曾经愤然称呼那些大学生为"精致的利己主义者"，"他们智商高，世俗，老到，善于表演，懂得配合，更善于利用体制达到自己的目的。"当然这和"优秀的绵羊"还不完全一样。但是，本质上也符合"优秀的绵羊"。

哈佛大学杰出的心理学教授史蒂文·平克对德雷谢维奇的观点给予回应时认为，他也不知道如何让学生成为拥有高尚情操的人，大学的使命在于学生认知上的训练，学生可以清楚地写作和数据推理，以及学习具体的知识，比如地球的历史、人体的工作原理、文化间的差异等。有知识技能而缺乏自己真正的人生意义的思考和公众关怀精神，即所谓的"优秀的绵羊"。华尔街的精英们大概就是这群"优秀的绵羊"中的最明显的代表。

是精英雇主的推手，在一步步地把美国（超级）精英大学的高才生们，以"军备竞赛"的方式变成了"优秀的绵羊"。从大处说，对于整个高等教育的"军备竞赛"现象来说，批评大学似乎只是找到了一个替罪羊而已，虽然大学也不能完全辞其咎。

（原载《新京报》2015 年 7 月《书评周刊·教育》）

细节里藏卓见：序《教育的细节》

接到朱永通先生送来的大作《教育的细节》，甚感欣慰，因我期待已久。

我与永通算是老相识了。七八年前，我的一篇关于文凭社会的文章为《明日教育论坛》转载，在网上找到了该杂志的电子邮箱，询问信的回复者即朱永通先生。自那次结缘后，时有通信来往。2010 年秋季，永通约我为新创办的《教师月刊》写专栏。之后，在他的提议和策划下由我组织并作为撰稿人之一，于 2014 年出版了《第三只眼睛看教育：5 位海外华人学者的教育省察》一书。这几年里，我们的交流渐多，他有了新文章，我先睹为快；我有了新作品，也不断发给他。电话里还不时讨论在读什么书，以及读书心得体会。臭味相投，大抵如此。我们共同的趣味至少有这样两点：我们都爱读书，我们都关注教育。

永通博览群书，不断开拓学习的精神令人感佩。他曾向我索要社会学推荐书单，开始读吉登斯、道金斯、费孝通、郑也夫等人的作品。永通善于读书和思考，常有自己独特的发现，令人耳目一新。比如，当他读到郑也夫的《神似祖先》里对夫妇双方在生育上的付出不同决定了母亲对孩子的爱更多这一理论，联系到了当时对幼儿园中小学里的教师大都是女性的问题，提出了自己的看法。与诸多人士的焦虑和担忧相反，他认为"教育是母性的"，女性天然对幼儿更为关心，更有爱心，所以在幼儿园和小学中低年级的教师应该以女性为主。

永通分享自己读书的经验和心得，在不少学校做过讲座，把演讲稿整理发表在《中国教育报》等处。本书最后一部分"过有思考的教书生活"里收录了这些有关读书意识、选书和读书方法的文章，给人印象非常深刻。尤为令人注意的是，他提出我们应该如何去寻找和获得一个"更高的自我"（尼采），这一意识在许多人那里早已消失无踪了。

　　至今我与永通仅见过一面。那是 2014 年 4 月下旬，我在京即将返美之前，我们如约在华东师范大学出版社大夏书系北京分社见了面，同时见面的还有林茶居先生。我们自然免不了谈教育和《教师月刊》。在谈话间，他们二位调的茶别有风味，可惜我不懂茶道。当下午我和永通一路到了北京大学，在郑也夫先生办公室几人聊天时，永通显露了自己泡茶的手艺。他对水、茶壶和茶叶的搭配很有研究。茶道类似于教育上的学生、教师和环境等因素的有机搭配，简道为一。从这茶道里我看到了永通先生的耐心和细心。鉴于郑也夫老师上了一下午的课太累，永通原来计划的采访取消了，改成闲聊，这也是他心细之处。我想大概正是这种耐心和细心，当然更是有爱心，才有了摆在我们面前的这本《教育的细节》。

　　细节里藏着卓见，待有心人去发掘。我曾说过，永通发现细节的敏感性是很强的。永通曾经在中小学做过几年一线教师和管理者，近些年作为《教师月刊》的首席记者和编辑，采访过不少教育人士，并到过不少地方讲学，可谓见多识广。本书一篇篇文章，都是永通从经验观察和阅读中，发现在教育的细节上往往为人所忽视的地方，以其独特的观察感受力，言人所未言。比如座位，这是学校里最常见的事情，可是我们都没有注意到，有学生是一个人一个座位，没有同桌。永通就从这个出发，阐发了这样一个没有同桌的学生受到了哪些"座位"影响，老师和同学们又有哪些不同的反应。再比如，他一个朋友讲的一个故事，朋友女儿说要给老爸说个事儿，可是当老爸问什么事儿的时候，女儿却说："爸爸，还是改天再说吧"。因为女儿问他事情的时候，他总是说："依依，爸爸正忙着呢，还是改天再说吧。"这就是"活的范本"，很有启发，永通以此告诫我们，和孩子说话，一定不可随意，言传身教，教育随时都在。

　　永通这些文字的背后有一个支撑力量，我以为是一定程度的理想主义，对教育的敬畏和关怀。在这个时代，谈理想和信仰大概是许多人不屑的。而就是这一点的理想和信仰，迸发着无比的力量，烛照着前方的路。从与永通先生多年的接触和交流里，我深深地感受到了这种力量。因之，在他的文字里，不时会有对他曾经接触到的某些教育官员和教师的不良言行的批评，永通虽未提名，当事人看到了肯定知道说的是自己，大抵会不悦的。但为了揭示这些问题和现象，永通并未避讳不谈，这需要相当的勇气。他的"一厘米的变化"观念也是这种理想主义的体现。即使在强大的体制下，教师依然有着自己可以有所作为的"一厘米的空间"的自由。"作为还是不作为"就在于教师本人是否有那颗爱心和那个见识。大概也是本着这种精神，永通写下了一篇篇为着"柔软的教育"呼吁的文字。

我在拙著《走出乡土》里说到费孝通先生时，曾说过这么一句话："一个好的学者，一个思想家，一定是善解人意的。不然，他就会固执己见，难以深刻。"从永通先生的文字里，教育的细节的发现和解读不正体现着他的善解人意吗？不管是在女儿打碎了瓶子后对女儿的安慰，还是"丑"学生被老师剥夺了参加某些活动的权利的时候对学生的同情，他的善解人意都是以孩子的健康成长为出发点的。

细节决定成败。教育的细节则关系着教育的成败。我们还能忽视教育中那些宝贵的细节吗？永通的《教育的细节》不仅给我们描述和分析了不少教育的细节，而且带给我们一双观察细节的慧眼，这双眼睛就隐藏在这本文集的每篇文字里。

2015 年 7 月 12 日于美国星城家中

快速变迁时代的社会教育力

与传统社会相比，我们时代最大的特点是，以科技发明为引擎带动着整个社会快速变迁。由于传统社会变迁缓慢，一个人的一生所需要的知识和文化，几乎从父辈那里可以口耳相传，成年之前所掌握的谋生本领几乎可以使用终生。几近静止的社会，一代一代复制着类似的生活方式，应付着生活的需要。而在现代社会，这些都成了明日黄花，不仅上一代人应付生活的知识和技能不足以应对新时代生活之需，而且在知识和技术更新加快的今天，一个人所学习的知识和掌握的技术会很快过时。如同计算机软件需要不断升级换代一样，一个人的知识、观念和技术都要随着时代的发展而不断更新，才可以跟上时代的需要，更不用说领导世界发展潮流了，那更需要不断学习、不断创新。故此，人们需要终身教育和终身学习。

"终身教育"是联合国 20 世纪 60 年代提出的概念。在我国走出乡土迈向现代化的快速转型时代，终身教育可谓人人必备的生活前提。拜读了叶澜教授的《终身教育视界：当代中国社会教育力的聚通与提升》一文，对其中的"社会教育力"概念有所思考，这里谨就一孔之见贡献于大家，以资讨论。

我们都生活在社会中，社会系统塑造着每个人的品性和生活方式。社会的变迁是社会各个子系统中某个系统率先变化，其他系统随之要调整自己，适应变化了的部分，达到新的平衡与和谐。按照社会学家威廉姆·奥格本的社会变迁理论，四大因素是社会变迁的根本考量，即发明、文化累积、传播和调适。文化分为物质文化和非物质文化，物质文化变化了，非物质文化，比如观念、习俗、制度等不能马上跟上物质文化的变化，就产生了社会文化不同部分的失调，这就是"文化滞后"。社会问题多是由文化滞后造成的社会不同部分的不和谐所引起的。举个例子，19 世纪末美国由于工业的发展，家庭里的男性劳动力进了工厂工作，妇女、儿童就留守在乡村的家里，从而造成了一代儿童的成长缺乏父亲的身教和关爱。这就是产业经济系统变化了，带动了人们的经济收入来源的改变；同时传统家庭的观念和生活方式还停留在原来状态。这如同我国改革开放后，乡村人口进城打工潮带来的农村留守儿童和老人问题。

郑也夫先生的《神似祖先》一书告诉我们，我们作为人类的本质性和沉淀在心理行为深处的特征，与我们的祖先并没有本质的区别，可是我们生存的环境却迥然不同了。我们不能改变环境，只好选择适应环境。发明是社会变迁的引擎。互联网和智能电脑等高科技带来了信息流动加快和教育的普及，我们这个时代的发明速度之快前所未有。因此，不断问世的新发明带动了社会物质文化一波接一波的变迁，而非物质文化却变化缓慢，教育作为非物质文化，要适应快速变迁的物质文化，确实很值得注意。

在学校里，在没有互联网、个人电脑和智能手机的时代，知识的创新和传播都相对缓慢，学生和教师之间知识和信息不对等，教师是知识和真理的掌握者，因而在学生面前有很大权威。古代对教师的尊重大概是因为这种不对等。而在现代社会中，学生可能在某些新知识和信息方面的掌握胜过教师，因而，教师面临的挑战很大。面对这样的挑战，传统的教学理念、方式和技能就需要作一番调整。这也说明了社会大系统的教育力量越来越大，学校教育在总的教育力量中所占比重在降低。

家庭作为社会教育力的一个主要部分，也在经受挑战。作为社会制度之一的家庭，需要与现代的经济、文化和科技等社会子系统相适应。1966年美国社会学家詹姆斯·科尔曼的影响深远的《科尔曼报告》，明确指出家庭对学生的学习影响最大。中国传统社会里认为书香门第的子弟教育教养较好，那是家庭文化的熏染之故。而现在的家长们，虽然很重视子女教育，但是在快节奏的社会生活里，自身整天忙得顾不上思考该如何教育子女。懒得思考的家长则把教育的任务都推脱给了学校和教师。这其实是一种错误的观念，不是只有学校和老师才负责教育，社会各处无不是教育所在，而且家长是孩子的第一任老师。当下变迁加快的社会，城市里中产阶层家庭的父母压力过大而无暇教育子女，乡村的孩子则更多地面临父母一方不在身边，或者只有祖辈的亲人在管教的情况，从而导致缺乏较好的家庭教育。而且面对变化如此之快的社会，家长能否知道如何教育子女都成为问题，因为社会物质文化环境变了，而我们的文化观念和心理沉淀不能够很快调适。因此，教育家长也是发挥社会教育力的重要一环。

在社会层面上看，社会结构也在影响着教育的进程。比如社会经济不平等的加剧问题，就间接地对教育施加着影响。以《21世纪资本论》闻名于世的托马斯·皮凯蒂等人的研究发现，社会经济的不平等会造成竞争更加剧烈，人们对自己的社会地位更加在意，更为焦虑，压力更大。这种焦虑和竞争的结果反映在教育上就是"军备竞赛问题"。我曾看到公共汽车上有个培训学校的广告语："你不来，你邻居家的孩子会来！"这句话很能体现人们在教育上"军备竞赛"的心理，也是应试教育大行其道的原因所在。功利化的应试教育对应的是"文凭社会"的崛起。考试分数基本上决定了一个人进入什么样的大学，拿到哪所大学哪个科系的文凭。而对于那些地位上处于弱势的群体，由于向上流动的希望很小，干脆退出竞争。这也就是一部分乡村孩子放弃读书重提"教育无用论"的原因。在正在到来的智能时代，知识和技能对人们在社会中安身立命越发重要。有一部分孩子很可能连基本的基础教育都完不成，更遑论终身教育了。

再者，中国社会的中上阶层人士不少人选择放弃国内教育，直接把子女送到国外接受教育。有报告称，80%的富豪计划将孩子送出国念书。近年来出现了留学生低龄化现象，这同时也带给家长一系列预想不到的问题。比如送到国外的孩子自己的价值观还未定型，自我管理能力还比较弱，身边缺少父母的关爱和管束，在异国他乡比较容易放纵自己。而且这些孩子长大后因为与父母的诸多观念和价值认同差异过大而难以融洽相处。有朋友询问我他们的孩子多大可以送出去读书，我通常都建议，首先不要太早送出去，再者具体看看孩子本身情况是否适合出去念书。总体上，英美等国家的教育质量确实要高出不少，但是我们把孩子送到这么远的地方念书，代价也不小。中上阶层人士送子女出国读书，经济上的付出很可观，这对中国自身教育资源而言，也是一种外流，一种损失，再加上这些家长因其子女已不在国内就读，更不关心国内教育的发展，让国内教育更不容易提升。要改变这种现象，一是需要国家给社会办学自由，让有资源的人办出高质量的学校，这样中上阶层就不需要送子女留洋念书。二是需要政府协调教育资源，让资源较少的经济欠发达地区（比如乡村）获得更多的补助，提高教学条件和质量，让教育机会更平等。

一个社会的学风和文化氛围是教育最重要的力量。"时代出英雄"就是说那个时代的风气熏染出来那个时代的英雄。牛顿和莱布尼兹同时代，分别独立发现微积分；达尔文和华莱士独立提出进化论；飞机的发明有莱特兄弟，还有同时代的朗格里等其他人；这样的例子很多。我们看到时代的文化累积的作用，同时还需明白，当一个社会知识技术累积到了一定程度，这个社会的价值观就在引导着人们用力的方向。社会崇尚知识和真理，崇尚学习，大家努力的方向就在这里。为什么说"江南出才子"？因为那里文化深厚，风气尚学。反面的例子，可以看看学术界的一些人，他们不是为了学术而奔忙，而是为了获取金钱、权力、地位。这种风气导致的结果是想做学术研究的没有资源，占有资源的又不做学术研究，造成学术界的浮躁。环境风气是很重要的，可以设想先天禀赋条件同等的两个人，一个放在文化沙漠，另一个送到文化腹地，发展方向自然分开。领导时代潮流的是精英。所以，我们社会的各界精英们要负起把这个风尚带好的责任，无愧于我们这个时代的教育发展。

在这样一个社会快速变迁的时代，如何有效地使整个社会能够协调一致形成社会教育合力，让每个人都能够践行"终身教育"和"终身学习"，发挥其才智，共建和谐社会，实现"中国梦"，是时代给我们提出的一个大课题。对此问题，教育部门提出政府主导、部门协作、学校组织、家长参与、社会支持的教育合力策略。这一策略本身是好的，只是牵涉方面太多，操作起来不太容易。从我们上面的分析可以看出，在快速变迁的社会里，非物质文化各个系统协调起来适应物质文化本身就是一件很艰巨的事情，比如教育理念和方式、家长观念和对教育的认知等都不是很容易改变的，且容易造成各方力量的相互消解。我们不妨更灵活一些，一方面由政府主导的各方面参与的教育组织与活动来实现社会教育力，另一方面发掘社会组织的自主力量。中国传统社会里，私塾和书院制度主要不是政府办教育，而是社会办学。在当下的美国，基础教育方面公立学校和私立学校并存，而且 100 多万学生在家里上学（home school）。多元化的教育生态会有助于调动和整合社会各方面的力量，也可以减轻政府在教育上的负担，同时个性参差不齐的学生也更容易找到适合自己的教育。

（原载《今日教育》2016 年第 1 期）

在阅读中成长

19 岁生日之前，我来到了大学校园。论年岁已是成人，可是一个乡村里成长的孩子，忽然来到陌生的城市，身边全是未曾谋面的陌生人，人生地疏之感一下子让我无所适从。再加上经济上的窘困，那时的我处于一片茫然、纠结之中，不知道前路如何走。面对现实，一筹莫展，随着日子前行，茫然而懵懂。

我就这样茫茫然中开始我的大学生涯。大学是读书的地方，我于是去找书。除了学英语之外，我开始大量地读图书馆和阅览室的书，也经常去书店和书摊一看半天。胡乱地翻书，我慢慢开始找到了我的精神依托和未来之路。

我的自卑似乎是与生俱来的，家庭的卑微地位从小在我心灵里留下了永不褪色的自卑底色。大学里的开始阶段把我这种自卑一度夸张地放大了。记得第一学年里，《河南日报》来了记者采访报道大学特困生，找到了我，没想到不久在日报上发表了，而且使用了我的真实姓名。那次报道里写到了我脚上露着脚趾头的鞋子，而天已冷了。我的以前的老师和同学们看到了文章，他们给我寄钱，甚至不认识的人也有寄钱来的。我实在很感激他们，至今难忘。也正是那样，我更为尴尬。在人群里，在同学中，我成了一个另类。我的茫然加上深深的自卑，让我极为痛苦。

不期然，我在学习心理学的时候知道了荣格，他对自卑很有分析。我找到了一本荣格写的心理学图书。从这书里，我知道了自卑是许多伟大人物背后的动力之源。正是因为不足和缺陷需要加倍的弥补，他们才创造出了常人难以企及的功业。必须正确对待自卑，让它导向人生光明的一面。现在时髦的话说是激发正能量。从此我不再纠缠于自卑，而是发奋努力。

在走出自卑的过程中，还要有一个引导思想的力量。恰如其时地《易经》进入了我的视野。这本书是从同宿舍的王占伟那里拿到的（也是从他那里我读了一些尼采、朱光潜等人的著作）。他爱读书，我很幸运大学身边有这样的朋友（一定要珍惜身边这样的同学）。占伟现在是《中国教师报》的编辑，多年来我们依然保持着交流读书心得的习惯。我以前没有看过《易经》，印象里它总是卦摊上的迷信东西。我无意间翻翻占伟那本《易经》，有注释、有翻译、有解释。六十四卦中的第一卦"乾卦"就让我着了迷，那一步一个阶段都是生命成长的步骤，或者事业发展的程序，完全是一种人生的伟大哲学思想。我爱不释手地看，做笔记。现在翻看当时的日记，这种感受还历历在目。古老的《易经》里面有一种"天行健，君子以自强不息"的巨大力量，还有着"厚德载物"的宽大与厚重。

我的心灵顿时一片光明。各个卦里都在讲述什么时候该动、什么时候该静。这个"静"不是一无所为，而是刻苦努力积蓄能量。书中还讲到顺境如何，逆境如何，不管如何之境况，必须要"守正"然后"终吉"。就是说，不管顺境还是逆境，一定要坚守自己的正道，最终才会吉祥顺利，获得正果。同时还读了《孟子》，那种"富贵不能淫，贫贱不能移，威武不能屈"的浩然正气，再次沐浴着我，那种"虽千万人吾往矣"的气概激发我写下一篇名为《千古一师》的文章，盛赞孟子。我也从此坚定了品格的力量，超出个人的眼界，有一种超越自我得失的社会关怀。以此为基础我开始对自己的处境认真分析，定位在"潜龙勿用"，默默地但奋力地大量阅读吸取知识营养，增强能力，以期未来能为社会做点什么。

大学里要训练科学分析的头脑。当时让我最受启发的是《毛泽东文集》。大一上学期我在新书架上看到了《毛泽东文集》第一卷和第二卷，人民出版社刚出版的。我印象很深刻，书很新，装帧庄重典雅又不失朴素。也是从随手翻翻一下子被吸引住了。当时是在阅览室，只能在室内看，不能借出来，所以我一有时间就去那里看这两本书。后来管理员阿姨看我很喜欢，就特例让我借出来读。几年后，我因出国留学办成绩单回到母校，在教务处遇到这位阿姨，她认出了我。彼时她已经从阅览室调到教务处工作，还提起我当年在阅览室爱看书的事。从这两本书里我不仅了解了一些那段时间的历史，更重要的是我学会了书中的分析方法，尤其是几篇社会调查报告给了我耳目一新的感觉，让我知道原来认识社会还可以这样做。

记得大二上学期学校举行"师范生形象大讨论"征文比赛，字数限制在500字。我在一个午后休息时间，受到《毛泽东文集》第一卷一篇题目为《更宜注意的问题》的文章的启发，写了一篇《所宜注意的问题》，分析了师范生形象的塑造应该注意哪些方面的问题。我借用的是一种思路、一种分析方法，甚至题目上我也只改了一个字："更"改成了"所"。此文成了我平生第一篇获奖文章，而且被评为一等奖。我不自觉地悟出了一个道理，写作要向高水平的人学习，而且要找到可以模仿的样板。这个道理也可以用在其他地方，就如同向贤者学习一样。后来在中国人民大学读书时，听一位教授说，郭沫若的雄文写作秘籍，下笔前先读大家好文，比如莎士比亚著作，把气势提上来，开始写作。再后来在美国读博士，老师们也教导学生开始学习写学术论文时手边放着两篇顶尖水平论文做样板，琢磨人家的文章，学着写，"照着葫芦画画瓢"。用传统书法的说法，这叫描红阶段。描红一定要选好字帖，那是"学习的榜样"。

《毛泽东文集》里的社会调查报告，尤其是《长岗乡调查》和《才溪乡调查》是非常详细的调查记录，让我震撼，我从原来熟视无睹的生活中发生了社会学的意义，因为这些细节构成了社会的事实。比如一个细节，耕牛的情况："平均百家中有牛二十五头，全乡共有牛百一十头。一家二牛的无。在有牛人家中，一家一牛的占百分之五十（小牛多，十几元一头的）。二家一牛的，百分之十五。……无牛的约一百零九家。……"实事求是决不是一句空话。现在有人写书《细节决定成败》，我那时读了这些调查就想，毛泽东的革命成功大概来自他注重细节里的真知。这体现的是一种认真精神，求实精神。可惜这个功夫我如今还没有练好。但是我一直在学习着这种精神。比如，大学毕业前的暑假，我在家乡就注意到了当时土地调整这件村民的大事。我本能地开启了社会调查的思考模式，注重具体细节，在村里人口情况、土地情况、社会变迁情况等方面做了一些搜集工作。我到中国人民大学读硕士研究生，一年级下学期上"社会理论"的课，授课老师郑也夫要求大家写一篇经验研究论文作为作业。我把调查资料做了整理，写了《一个游戏规则的破坏与重建：A村村民调田风波案例分析》，第二年发表在《社会学研究》上，成了我的学术处女作。

我大学毕业后读了社会学专业研究生，尤其是当我读到了费孝通的《江村经济》《云南三村》等著作时，我才知道已经在不知不觉间走上了自我学习之路，学习了社会学的研究。我的社会学之路的引路著作就是《毛泽东文集》，尤其是里面的社会调查和分析方法。这是一条费孝通所说的"从实求知"之路。

在读了《毛泽东文集》之后，我又把毛泽东的所有可以找到的著作都读了，包括诗词，还有有关他的传记等书籍。我被毛泽东非常有味道的语言文字所吸引，难怪有人说毛泽东的语言文字是现代文中最好的。

走笔至此，我又想起了大学一年期时读到的毛泽东的《体育之研究》一文里面的一段话，一直难以忘记。它启发我用变化的观念看事物，而且态度和做法决定了我们变化的方向，端看我们怎么做。我愿把这段抄录如下以飨诸君：

> 愚昔尝闻，人之官骸肌络及时而定，不复再可改易，大抵二十五岁以后即一成无变今乃知其不然。人之身盖日日变易者：新陈代谢之作用不绝行于各部组织之间，目不明可以明，耳不聪可以聪，虽六七十之人犹有改易官骸之效，事盖有必至者。又闻弱者难以转而力强，今亦知其非是。盖生而强者滥用其强，不戒于种种嗜欲，以渐戕贼其身，自谓天生好身手，得此已足，尚待锻炼？故至强者或终转为至弱。至于弱者，则恒自闵其身之不全，而惧其生之不永，就业自持。于消极方面则深戒嗜欲，不敢使用损失；于积极方面则勤自锻炼，增益其所不能。久之遂变而为强矣。故生而强者不必自喜也，生而弱者不必自悲也。吾生而弱乎，或者天之诱我以至于强者，未可知也。

这段话让我明白了强弱变化的道理，从个人的自卑里走出，坚持锻炼，勤学苦练，不仅让英语以初中的水平开始很快赶上来［因为在中等师范学校（简称中师）读书，三年可不学英语］，而且大学二年级过了四级，三年级上学期过了六级，还考上了中国人民大学社会学系 98 级硕士研究生。校级系级等许多论文比赛奖状一摞。也许是这些年里阅读的助力，我在硕士研究生面试时脱颖而出，给评委老师们留下了很深的印象。这是到了中国人民大学后获知的。

我就是这样在阅读中摸爬滚打，时不时从中悟出一些东西，推动着我的品格的成长和职业能力的增长。如今离开我的母校河南师范大学已经快

17 年了，在美国学习、工作、生活了 14 年，可是那 4 年的以阅读为伴的青葱岁月依然难忘。十几年前的读书经验，对当下的大学生也许没有多少借鉴。但我相信，没有安排好的道路，而阅读会丰富你的成长，让你逐渐走出一条属于自己的人生道路。

（原载《大学生》2015 年第 12 期）

带本书在田野游学

1994 年，我幸运地上了大学。我是中师保送生，通过层层选拔，非常不容易地赢得 0.5% 的指标。所以，我对大学生活格外向往，倍加珍惜。

我来到位于河南新乡的河南师范大学，坐在课堂里，看到讲台上的老师我会非常激动，听课生怕漏掉一个字。尽管有些老师口音浓重，我听不大明白，但我努力支起耳朵听，记笔记。不久，我发现，老师们的课与我的想象差别太大，教材要么太老，要么是老师自己编写的油印本，内容很难激起大家的学习兴趣，而且多数老师是照本宣科，我对所学的教育管理专业课很快就失了兴趣。那时候，没有互联网，也没有手机，大学生活比现在乏味得多。于是，迷茫的我开始到阅览室、图书馆里东瞅瞅西瞧瞧，寻找自己喜欢的书。

我搜寻到了不少自己喜欢的书，几乎没有一本与专业有直接关系。我找不到指导自己读书的老师，所以我是逮着哪本读哪本，从《道德经》《易经》《孟子》到刘震云、金庸小说系列，再到杜威哲学、中西美学以及古今中西人物传记等，没有章法可言，但是我看得高兴。

彼时，城市还未大规模扩张，大学校园在城市边缘，朝西走是市区，朝东北走是乡村田野。周末和节假日我最喜欢做的事情是，一个人带本书到校外去读，有时候是乡间田野，有时候是城里闹市，所带的书从来不是专业书。不过，这些书或多或少帮我了解了专业课的知识，开阔了视野。我慢慢跳出专业看教育，有不少新发现。比如，当我看到美国社会学家彼得·布劳的《不平等与异质性》，开始注意到从社会结构的角度来看教育在社会中的位置和功能，我的本科毕业论文就是研究教育分流与社会分层关系的。有一次，我参加系里年度学术论文大赛，我用社会学里的转型社会的概念，以及社会化、戈夫曼的自我印象管理等概念和理论，来分析社会转型时期大学生道德教育里的现象。那时系里还没有老师、同学写过这样的文章，我的论文获得了一等奖（全系两个一等奖）。

我把自己的行动称作"带本书去游学"。在闹市读书，据说可以锻炼闹中取静的专注力。其实我不用锻炼，课堂再闹哄哄，我看起书和写起作业来都是旁若无人。到闹市读书还有个好处，就是不读书时，可以观察路人。更重要的是，漫无目的地走好些路，一路上的风景不可预料，还锻炼了身体，放松了心情，激发了思考。从大学校门到火车站是 1 路公交车的始发和终点站，有时候我会带本《道德经》走个来回，一路上看几句后合上书，边走边琢磨，偶有所得，会心一笑。

我也时常去田野里游荡。有一次走得太远，迷路了。正是秋收时节，玉米地里有母子二人在收玉米，儿子跟我差不多大，我和他们攀谈起来，并帮他们收玉米。儿子读中专，周末回家，下午就返校。中午，他们邀请我回家吃饭，于是我见到了这家的父亲，他不善言辞，用驴车帮人送砖石，所以母亲负责种庄稼。午饭是提前包好的饺子，饭后儿子返校，我继续帮忙干农活。那天回校已经天黑，我却很开心。读硕士研究生时看到了费孝通先生的《江村经济》《乡土中国》等著作，才知道，我这样的活动算是朴素的、无意识的社会学社区研究的参与观察和访谈实践了。

大学几年里以带本书游学的方式，在和偶遇的人们攀谈之间我了解到人情世故、社会百态，也让我多年以后对硕士研究生阶段所学的社会学专业有了更多的了解。

我还记得大学一年级在迷茫中搜索书籍时，发现了人民出版社刚出版的《毛泽东文集》第一卷和第二卷。我随手翻看，就被吸引住了。最让我震动的是几篇调查报告，尤其是《长岗乡调查》和《才溪乡调查》，调查记录非常详细，甚至有几只鸡、几只鸭、几块黑板报、几个理发师都记录下来了。这让我印象非常深刻，我开始留心社会调查。本科毕业后，我考到中国人民大学读硕士研究生。报到前的暑假，我在家乡，正好赶上农村分地调田，一旦确定分地后 30 年不变，牵涉全村老小。我本能地开启了社会调查模式，开始留心村中调田事件的枝枝节节：人口情况，土地数量，原来的分地规定，这次的变化，为什么有这样的变化。我把观察到的都记录了下来。研究生一年级下学期，郑也夫教授的"社会理论"课要求写篇经验论文为学期作业。我当年的记录材料派上了用场，我不仅完成了作业，论文还发表在《社会学研究》上，这是我的学术处女作，反响还挺不错的。

我到美国读博士研究生后，曾给明尼苏达大学修"社会学"课的本科生上课，我会要求学生在街头、校园、家里或者公交车上做调查，有时还要做访谈，写出报告。每当这时，我都会想到自己在读大学时，拿本书在城里或者乡村"游学"，误打误撞中我是在做朴素的、尚不成体系的社会调查，用费孝通先生的话说是"从实求知"。

事实比想象离奇，边读书边游学，带来那么多意料之外的东西。我在无意间完成了自我通识教育，形成了自己未来的专业方向。此时此刻再回首，还会体味到其延续至今的影响。

（原载《大学生》2015 年第 5 期）

共尊同一王道

我与薛涌先生，一个"70后"，一个"60后"；一个来自贫困农民家庭，一个出身高干家庭。可是，读了他的《年轻可以一无所有》一书后，发现我们秉持着很一致的人生哲学，具有类似的不辜负青春的奋斗经历，都可以说是实现了成功的逆袭。

两个一无所有的青年

先说说薛涌先生，他28岁开始从《新概念英语》第一册的水平学习英语，要出国留学，并把进入美国一流研究型大学的博士课程为目标。他说，这个想法让朋友和家人都觉得他病得不轻：无论是在英语上，还是在学术上，优异之士都相当多，他们还进不去名校，凭什么轮到他？但是，他实现了自己的愿望！为了学英语，他除了锻炼几乎足不出户，"穷奋斗，而且其乐无穷"。几年后，他进入耶鲁大学历史系读博士研究生，如今是美国大学里的副教授，曾被国内某媒体评为影响中国的知识分子之一。这些成就并不让他自豪，他的自豪在于，虽然生活按照物质标准来看很一般，但他没有牺牲自己的生活方式，活出了自己。他不仅精神上比较年轻，身体上也比较年轻，马拉松成绩敢挑战当下的大部分年轻人。

这确实是逆袭，但不是奇迹。因为奇迹是不符合常理的，而薛涌先生的励志故事是他通过长期辛苦奋斗而实现的，只要他人有这样的毅力和志向，一样也可以实现这样的逆袭，保持青春的姿态。

而我，20世纪70年代中期出生于豫东一个小乡村里，父母是农民，父亲念过初中，母亲不识字。小时候，在我的记忆中缺衣少食是主要内容之一。初中时我曾夏天没有鞋子穿，光脚去上学，好在学校没有规定不穿鞋子不能上学。忍受饥饿更是常有的事，现在牙医还说我牙齿发育不好，因为小时候营养不良。我姐姐虽然学习成绩班级第一名，但不得不在小学三年级那年辍学了。我和弟弟是在学校的帮助下勉强坚持下来的。所以我们都考了"中师",那时候是尖子生才能考上的,竞争非常激烈。我在"中考"前从来没有进过县城。"中师"三年,有了助学金,学校里很多师生对我有过帮助。中师毕业,按照规定,有 0.5% 的指标可以保送上大学,还是师范类的。我很幸运地被保送到了河南师范大学。面对家庭的经济困境,我一度非常迷惘,是继续读书还是干脆去工作?虽然有助学金,却不够。开学时,学校免去学杂费 800 多元,我带的钱暂时让吃饭不成问题。熟悉环境后,就自己找办法。在大学期间,我做过家教,这是不少学生都有的经历,我还发过广告传单(比如"红桃 K"口服液等),在校园餐馆里刷过盘子、择过菜(老板很善良,不让我端菜到前面,怕我碰到同学),在学校后勤处打过工,在食堂做过监督员(这是学校对贫困生的优待,每个月可以领 30 元钱)等等。一些老师和同学还送我衣服、鞋子等。有一次我遇到了困难,舍友集体主动给我凑了一些钱,我只领了他们的好意,没有要钱。

因为"中师"不学英语,到了大学,从初中水平而且隔了三年直接跳到大学英语,难度可以想象。我坚信,我一定能够学好,夜以继日,终于不仅过了英语四级,大三时还过了英语六级。大三下学期,我选择了自己感兴趣但从来没有上过的一门课社会学作为自己的考研方向。通过半年的自学,考上了中国人民大学社会学系 98 级硕士研究生。如今翻看当时的日记,万千滋味在心头。

在人大读研期间,我可以参与一些课题,经济上不再成问题,我集中做学问。研究生一年级下学期,我写出了一篇不错的学术论文,2000 年春季发表在《社会学研究》上。同时在师友们的鼓励和支持下,开始出国留学的计划。毕业时,我被美国明尼苏达大学社会学博士生项目录取,并获得了麦克阿瑟学者奖学金,实现了留学愿望。博士研究生毕业后,我进入美国密西西比州立大学国家战略规划与分析研究中心。2012 年,我把读博期间的中文文章结集为《明尼苏达札记》在北京大学出版社出版。在我的成长过程中,曾经帮助过我的人很多,所以每每看到需要帮助的年轻人,我都很高兴地尽力来帮助他们成长。

在我和薛涌先生的故事里,都是"努力奋斗"的青春。这正是薛涌先生在《年轻可以一无所有》一书里所传达的一个主要观念。即使是美国的年轻人,大学毕业后也有所谓"先到纽约的地下室和老鼠当同屋"的说法。

不管家庭背景如何，是否能"拼上爹"，付出努力获得能力都是不可缺少的。这是我一直秉持的信念，家庭是我无法选择的，机遇是可遇不可求的，唯有努力付出，是自己可以把握的。我永远相信"功不唐捐"！正如薛涌在书中所说："不管一个社会多么富裕，从底层奋斗，从一无所有奋斗，还是王道。失去了这种精神，社会就失去了进步的动力。"

古老的"道德说教"

作为时代的特征，"60后"、"70后"、一些"80后"的时代机遇，现在都不存在了，因为那是一个经济持续高增长的时代，现在要适应的是经济低增长、不增长甚至负增长的时代，加上老龄化社会的到来。这意味着"年轻一代的责任和负担更大，付出的努力更多，得到的回报可能更少"。这个观察是很值得年轻人注意的。注意到这个时代特征，年轻人要在观念上认识到这几个方面。

第一，这个世界从来不该被物质所界定。虽然金钱和物质是幸福生活必不可少的，但到达一定程度，我们的幸福就与物质无关。高层次的幸福和价值看一个人的能力和贡献，看其为他人和社会做出了什么。名牌和时尚都无法让一个人获得马斯洛需求层次论里高层次需求的满足。所以，在年轻的时候，条件不好，"蜗居"一下正是年轻人值得骄傲的奋斗体验。乔布斯在斯坦福大学的演讲中为自己当年的"蚁族"生活颇为自豪。在当下的消费社会，被物欲文化包围着的年轻人容易把物质的占有和享受看得过重，为了满足眼前的物欲，把青春贱卖了。薛涌先生主张在年轻的时候增长自己的人力资本是最重要的，而不是穿名牌，用新款等。

第二，不要迷信速成文化。看到乔布斯、比尔·盖茨、扎克伯格等人很年轻就取得了成功，认为成功可以速成，这是错误的观念。网络和社交媒体改变了现代生活环境，网络社交媒体创造了充满明星和戏剧的虚拟社会，名人的"粉丝"似乎觉得距离名人很近，可以相互跟帖、回帖。"粉丝"们在这种眼花缭乱的环境里，总是渴望着一夜之间的成功和辉煌。《异类》一书有个1万小时定律，就是任何做出杰出成就的成功人士，都离不开1万个小时的艰苦训练，暗合着中国古人说的"十年寒窗"定律。所以，薛涌先生告诫年轻人，不要幻想捷径，捡起古人"十年磨一剑"的信念来，踏踏实实地努力干。

　　第三，一切以修身为本，培养好的品德和人格。这方面，年轻人还是要向年长者学习。在技术上，年轻人可以掌握得很快，比年长的人有优势，但是在年轻人的成长中，伦理道德、如何做人这个最基本和最关键的方面，还是要年长者来负责。如薛涌先生所说："年轻人不必为自己掌握一些超前知识而沾沾自喜，因为这些知识随时面临着被淘汰的危险。反而是关于品格和素质的一些古老的'道德说教'会一生受用。在怎么确立人生目标，怎么培养良好的学习习惯，怎么面对挫折，怎么承担个人责任等问题上，老一辈的指导会格外有帮助。"

　　最后一点，我认为最重要的是，劳动是最好的教育。能力是从劳动里出来的，品德是从劳动里培养的。不劳动不知道柴米来之不易，不劳动体验不到创造的幸福。《年轻可以一无所有》书中说到一批逃避学习的孩子，拿着家长的钱来美国混日子，家长助长了这批来美国的小留学生们的懒惰与逃避。这批学生大多由中介代为完成申请流程，而申请流程是非常好的锻炼机会，被他们拱手让了出去。用薛涌先生的话说："今天不会申请，明天不会求职。"而且，美国也不是教育减压的乐土，不用功的孩子在哪里都学不好。

　　前阵子网上热议：努力就可以上清华、北大吗？确实，家庭背景不同，做出同样的成绩，需要的付出不同。我刚上学不久，人们说我学习好，一位亲戚马上说："大人没有本事，小孩能有本事吗？"那时候，不少亲友邻人都认为我家里穷，父母又老实巴交，没有关系，没有钱，学习好有什么用。确实，家庭没有丰富的资源，自己每走一步都很不容易。不是有人说："我用了18年的奋斗才和你一起喝咖啡！"不管世俗的成功标准如何用官位和金钱来衡量，但"功不唐捐"，奋斗的甘苦只有自己才可以体验到，这本身就是一笔无价的财富。只有当你实现了用自己的能力为他人和社会做出贡献的时候，才真正成就了自己，没有辜负宝贵的青春和人生！

　　如果你现在是"一无所有"的青年，10年后，期待听到你分享自己的逆袭故事！

（原载《大学生》2015 年第 9 期）

陶行知的"关系型"教育与管理思想

不久前加入了"行知乡村读书会"QQ群。这个读书会成员从小学教师到大学教师，还有一些研究机构的学者，主要是研习教育家陶行知的教育思想，并践行其生活教育思想，为此还成立了一个"新生活教育研究中心"群。联络人看到了我曾发表在《教师月刊》的一篇《"关系型教育"：一种教育观念》，想让我就关系型教育做次网络讲座。因为是研究陶行知教育的群，我不免要研究一下陶行知先生的教育思想里是否有"关系型教育"的成分，如果有，哪些可以归为关系型教育理念。在这个任务兼好奇的动力下，我开始搜集整理。以下是我的一点心得收获，供大家参考。

关系型教育思想可以追溯到英国教育家夏洛特·梅森。她有句名言：教育是关系的科学。这里的关系不仅包括人与自然和事物的关系，也包括人与人和自我的关系。现在的关系型教育则是针对传统型教育提出来的。传统型教育中最主要的关系是师生之间的等级关系，教师传授知识、学生接受知识的单向教学；而关系型教育则把师生关系转为平等的关系，不仅重视师生之间的教学互动，更重视学生之间的关系对学习和人格的促进作用。我更看重的是师生和生生之间的真诚健康的心灵沟通关系和友谊。

在读陶行知教育文献的时候我发现，陶行知先生是非常重视"关系"在教育中的作用的，或者更进一步说，他认为对教育的管理在很大程度上是关系的管理。比如他说："教师对学生，学生对教师，教师对教师，学生对学生，精神都要融洽，都要知无不言，言无不尽。一校园中，人与人的隔阂完全打通，才算是真正精神交通，才算是真正的人格教育。"他还有句名言："真教育是心心相印的活动，唯独从心里发出来的，才能达到心的深处。"这一思想很明显是"关系型"的。也只有这样的师生、师师、生生关系，一个校园才是充满爱与和谐的校园，才是健康人格的沃土。

这不由得让我想起了流传甚广的"陶行知与四块糖果"的故事（也有

人说是三块糖果）。故事是这样的。陶行知当校长时候，看到一个男生将泥块砸到另一个男生身上。他让这个男生放学后去他办公室。这个男生准时到达，准备接受批评。可是当陶行知了解情况后走进办公室时，掏出了一块糖果，告诉他，你准时到了，我却迟到了，奖励一块糖，因为他准时；接着掏出第二块糖，奖励他当时听到劝阻就住手了，对校长表示了尊重；接着掏出第三块糖，奖励他打那个男生是因为抱打不平，那个男生欺负女生。这时候，男生非常感动，说自己打的是同学，自己也不对，这时候陶行知掏出了第四块糖，奖励他这一自我批评。这个故事确实值得回味，令人感慨，不愧是一代教育大家的教育故事，给我们很多启发。其中关键一点就是，这样的教育，从内心里给学生建立了一种真诚、信任和情感的关系，正能量自然就出来了。

这个故事也是陶行知践行了自己的话："教的人尽义务，就能和学的人发生一种很宝贵的友谊。"我相信得到四块糖果的男生终生不会忘记陶行知校长的那次教育，从心底里敬重这位教师，很自然地建立一种宝贵的师生友谊。大概是陶行知先生自己实践的总结，所以他说："我有一句话奉劝办学同志，这句话就是'待学生如亲子弟。'"

这也让我想起了费孝通先生回忆中学校长王季玉先生的故事。一次，季玉先生在看学生办的壁报时，费孝通在与同学玩一种"捉逃犯"的游戏，一个人逃，一个人追，他正冲撞在季玉先生怀里。费孝通这样描写道："我站住了，知道闯了祸。可是抬眼一看在我面前的却并不是一个责备我的脸，而是一堆笑容：'孝通，你也能作诗，很好。'她拍着我的小肩膀，'留心些，不要冲在墙上跌痛了。'我笑了一笑就跑了。"他得到的不是呵斥批评，而是关心和爱护。我们不妨再看一个反面的例子，也是一位校长的行为。朱永通先生去某市一重点小学，校长陪他参观校园，每到一处，这位校长都能对学校的布置讲出学校的教育理念。可是有一幕让朱永通先生对此校长印象马上变坏。他说，上课的音乐响过后，他和校长恰好走到操场旁的榕树下。恰好两个男生急匆匆迎面跑来，一脸慌张，而且表现得似乎想躲闪他们。但见到无处可躲，只好硬着头皮继续往前跑。这就碰上了校长。这时，朱永通先生身边的校长突然像变了一个人，铁青着脸，往前跨几步，站定，厉声呵斥两个学生，是哪个年级哪个班的，已经上课了，知不知道！待学生答后，校长手一挥，大喝：还不跑快点！嗯，整个过程爱心没了，本来应该让学生小心慢着，别摔着了，以温和的态度，如王季玉校长那样，可是这位校长的做法完全相反。

以我个人的体会，我很幸运从小学到博士生读书期间曾经遇到不少老师，他们实际上是在践行着陶行知教育思想，全心地为学生着想，与学生建立了宝贵的友谊。比如我"中师"三年的班主任侯思超老师，我们亦师亦友的关系已经保持了二十多年，将持续终生。

在《师生共生活——给姚文采弟的信》里，陶行知曾这样说："梁漱溟先生说办学校是和青年做朋友。做朋友之前当然要加一番选择。所以我很赞成仲明的建议。但最重要的是教职员和学生共甘苦，共生活，共造学风，共守校规。"这样四个"共"字，才能创造出师生、师师、生生之间真正的相互理解和了解，心灵得到沟通。这里是强调师生的一种平等精神，一种共同体的精神。而这种共同体就是平等的师生关系构成的。在此信里，他也提到学生若多，老师少则是一个挑战。是的，一个过大的共同体，要做到成员的密切沟通理解很不容易，甚至不可能。这也是我们当下一个班级六七十人甚至上百人的基础教育的一个挑战。班级是最重要的教育共同体，学校偏大，是较松散的共同体。班级里的小群体作为共同体，则局限在几个学生中。在QQ群里，我也看到有的教师提出了班级学生过多这个问题。教育管理部门是应该关注并解决这个比较普遍的基础教育问题。

从陶行知的教育文献里，我想我们还会挖掘到更多有关"关系型教育"教学和管理的思想。他著名的"生活即教育"思想，生活本身就是各种关系组成的。把这些关系协调好了，教育和生活都是和谐快乐的。祈愿教育界人士重视陶行知先生教育思想里的"关系型"教育和管理理念。

（原载《教育时报》2015 年 9 月）

阅读有时：我的读书杂忆

一

近日读到费孝通《游滕王阁小记》，里面说到在滕王阁的苏贴里，王勃《滕王阁序》里的一个字，即"老当益壮，宁移白首之心"的"移"改为了"知"。费孝通以米寿高龄登阁写文，对苏东坡这一字之改做了"心态"上的推测：

> 首先是王勃写这句话时年纪还轻，他并无"白首之心"的经历，因之也不可能有此心的体会，所以很可能是以青年之身观察老年表达的行为去猜测"白首之心"……如果他原文用"移"字，似乎更近乎情理。……我这样想下去就要怀疑苏老是"知"字的创改者了。首先是他已经饱经风霜，有资格可以"知白首之心"，何况他这时刚过了"万重山"，快回到常州时，渴望有知己的人了解他的心境，背诵王序时，很自然地流露出了这种心境。不去用"移"字而改成了"知"字。……再进一步，我想如果用对仗来表达一个作者的意境，用"知"字似乎比"移"字超出了一着。移字还停止在"青云之志"的层面上，要求老人不要改变青年时候的心志。实事求是说，人老了，体质和心境自不能停止在青年的境界上。……如果用个"知"字，就跳出了当事者的本身，超越了第一身的地位，也就得了统一的可能。

费孝通推测苏东坡改王序"宁移白首之心"为"宁知白首之心"的这个故事，说明的是年岁和经历对一个人的阅读心境的影响。因之，在一个人的读书生活中，与某本书结缘，与某个作者相遇，需要"时候到了"才行。民谚曰：桃花开，杏花败。这是花开的时机，桃花有它的日子，杏花有它的节奏。

二

近不惑之年，对许多曾不以为然的作者和文章似乎一下子具有了通感，豁然明白起来。"花褪残红青杏小"，这是苏轼的名句。在童年时代听到"桃花开，杏花败"的时候，只觉得杏花真没出息，竟然被桃花打败。在那个崇拜小将呼延庆、闹海的哪吒和孙悟空的孩提时代，自然不知道有"花褪残红青杏小"这样的句子，也没能理会杏花褪去了残红，青青小小的杏子长出来了。

多年前读林语堂写的《苏东坡传》，也借读过他人写的苏东坡，都未能入境。直到近不惑之年，经历了一些人与事，忽然发现了苏东坡。发现了后，就把其主要诗词文章找来拜读，其传记找来翻阅，其视频一集集地看，似乎成了一个不折不扣的"苏迷"。苏东坡在《赤壁赋》里写道："盖将自其变者而观之，则天地曾不能以一瞬；自其不变者而观之，则物与我皆无尽也，而又何羡乎！且夫天地之间，物各有主，苟非吾之所有，虽一毫而莫取。惟江上之清风，与山间之明月，耳得之而为声，目遇之而成色，取之无禁，用之不竭。是造物者之无尽藏也，而吾与子之所共适。"读过又联想到"乌台诗案"后在黄州耕种田间的苏东坡，不禁一声长叹，神思飞玄。可爱可敬的东坡先生，在黄州的日子，其岁数与现在的我相仿。我想起有人曾问杜维明为什么当时博士学位论文写的是"青年王阳明"，杜维明的回答是他当时的年龄使他无法体悟年长时的王阳明。

而我读王阳明稍微比读苏东坡早些。先把杜维明的一本《青年王阳明》英文版认真读完，也找到有关资料和视频狠补了一次王阳明。王阳明"龙场悟道"在36岁，似乎也在这个年龄，而且是在心情非常困闷中，我忽然一天似乎明白了他的"心外无物"的精神内涵。当一下子明白王阳明悟出的"道"之后，只觉心中一道光芒打开了心门。千古悠悠，人生若此！

三

我的中小学是极为缺少读物的。而我对阅读感觉到了兴味则可以追溯到小学三、四年级。一天父亲从一个亲戚家回来后给我们讲他在亲戚家读的一本小说《呼家将》，也只读了部分，没有时间读完。这一部分恰好是关于呼延庆第一次进汴京大闹东京城的故事。我听得津津有味，于是开始找这本书看。接着看了类似的《杨家将》《呼杨合兵》《封神榜》《隋唐演义》《明英烈》等，还有武侠，但都忘了看的哪些本子。初三才见到《射雕英雄传》，但学习紧张没能看完。

四大名著，我最早读到的是《水浒传》（连环画《西游记》应该算最早），已在初中，同村有个大哥家里有，虽然书很破，但不影响阅读。我经常在庄稼地里干活累了，就去看这本书。那时候只关心故事，心向好人，痛恨坏蛋。初中时《三国演义》只借到一本下册，看不明白，遂还掉，多年之后才有机会读到全本。中师时候开始看《红楼梦》，当看到黛玉葬花一节，太伤感读不下去，终于放下，直到大学时候再拿起来继续读。如今已多次翻阅，每每颇有心得，对书里的大大小小的人物都越来越理解。我也更能理解为什么费孝通留英带本《红楼梦》，还为此写了篇文章。学习社会学的怎能绕开《红楼梦》呢！

到了大学，我试图找个指导读书的老师，未能找到，所以读得依然无章法，逮着哪本是哪本。从《道德经》《易经》《孟子》《毛泽东文集》、刘震云、金庸小说系列到杜威哲学、中西美学，以及古今中西人物传记，等等。我在周末和节假日最喜欢做的事情是，一个人带本书到校外去读，有时候是乡间田野，有时候是城里闹市，但所带的书从来不是专业书。但是这些书，反过来却帮助我了解了专业课的知识，开阔了专业狭窄的视野。这也使我慢慢跳出教育学专业看教育，有不少新发现。比如，当我看到美国社会学家彼得·布劳的《不平等与异质性》一书，开始注意到从社会结构的角度来看教育在社会中的位置和功能，后来的本科毕业论文就是研究教育分流与社会分层关系的。买了《莎士比亚全集》，但没有能读进去，至今也没有机缘去读。

《平凡的世界》是在大学时遇到的，开篇描写孙少平在学校吃饭偷偷地去拿自己的窝头的情景就深深吸引住我。我自那时起知道了路遥和他的作品，励志的《平凡的世界》伴随着我的大学岁月，给了我鼓舞的力量。书中人物都好像家乡身边的熟人。但是我对其创作谈《早晨从中午开始》则没有太深的印象，如今只记得那时读过。而不久前再次读到这篇创作谈的时候，则对作者产生了强烈的共鸣。因为在这个中间，我把他的创作经历与自己的相对照，才真正理解了他当时创作的心境，每每不得不停下来做深呼吸，以抑制欲滴下的泪。

在大学里考研复习期间，日本人原百代的《武则天》进入我的生活。这位作者写的武则天是我所知的该领域作品中最为认真和最有水平的。这本书伴随着我最艰难煎熬的考研复习的两个月。有同学看我那样在分秒必争的复习的日子里还有"闲心"看这样的"闲书"。他们哪里能够理解我当时的精神支持力正是在这书里。该书从隋末写到唐玄宗开元盛世，大开大合，气派宏大，而具体而微处则细腻活泼，把宏大历史与个人命运紧紧联系在一起。

四

在读研究生之前我的读书都比较随性。到了读研究生时候，相对集中于专业阅读，但我依然在某种程度上保持了随性的读书特点。郑也夫先生是我的硕士生导师，入学后不久即为我开了一个阅读书单。这是我的第一份读书书目。也是从这个书目开始，才一路滚雪球一样打开了我的奠基学术的读书生活。那时开始喜欢上费孝通、冯友兰和黄仁宇三位前辈学人。书单里有费孝通的《乡土中国》，冯友兰的《中国哲学简史》和黄仁宇的《万历十五年》。这三本书从社会、哲学和历史三个方面打开了我的视野，有意识地去学习探索，让我极为兴奋。在《乡土中国》里，费孝通说：靠种地谋生的人才明白泥土的可贵。这话一下子紧紧地抓住了我的心。是的，农村人为争个地边都闹得不行，地堰沟犁地偏了都闹矛盾。冯友兰独具只眼地把中国哲学划分为经学时代和子学时代，并且引入西方的逻辑重新构造中国哲学，一代大师风范。此书结合罗素的《西方哲学史》一起读，别有风味。《万历十五年》一改我对历史书的印象，可以写成这样的历史，黄氏风格清新有趣。

郑也夫著《代价论》打开视野的欣喜至今记忆犹新。在 2015 年时隔 20 年的新版出版之际，我写了一篇书评，表达了对此书的深深情感。从《代价论》开始，到后来的《信任论》《后物欲时代的来临》《文明是副产品》等，被其思想和文字魅力所深深吸引。也是在郑老师这里，第一次发现我写作上的文字问题。也因此，我开始读别人文章的时候，有意识地注意其文字。

读研时还购买了《鲁迅全集》，但读不进去。近些年看了鲁迅的一些散篇，始觉其味道不同平常之处。

五

2001 年 8 月入美国明尼苏达大学研究生院读博，要求读书更为专业，但我还是保持了随性读书的一面。中文书很少有机会读了，必须读英文书。除了上课要读的材料，我自己随着兴趣去读。哈耶克读过一阵子，其《致命的自负》和《通往奴役之路》是印象极为深刻的两本。自此，对计划经济的弊端有了深刻的理解。社会学家兰德尔·柯林斯是社会学理论冲突学派的代表人物，在"知识社会学"课上，阅读材料有他的一本 1998 年出版的《哲学社会学》，在书中他把知识分子社区和社会网络对知识生产的历史，从古希腊和中国春秋战国到近代，一路写下来，内容丰富，很有洞见。我写了一篇书评，发在 2004 年的《读书》杂志，这也是我最早期发表的作品之一。从那个时候，我才开始不间断地写作并有所发表。

在近几年里，我记忆较深的书中有一本是著名经济学家罗伯特·弗兰克著的《达尔文经济学：自由、竞争和公共利益如何兼得？》。我在读研时读过弗兰克的《赢家通吃的社会》一书的中译本。这本《达尔文经济学》在一些章节接着赢家通吃中赢家的运气成分做了分析。大概 2017 年他专门出了一本《成功与运气》。在社会阶层日益固化的社会里，成功者们自认为其地位和财富都是他们自己的天分加努力挣得的。但弗兰克给出了一系列的理由，论证了运气的作用。一个人出生在哪里，在哪里成长，甚至出生的家庭，都是运气。运气对成功至关重要。弗兰克举个例子，他大学毕业后曾去尼泊尔支教两年，在一个小村子里当数学和科学教师。他在当地雇了一个厨师，而这个厨师是几年前从不丹一个偏远的喜马拉雅村来的。弗兰克说，这个厨师虽然从未进过学校，却是他所见过的人中最有才能和天分的人：厨艺好，是市场上的谈判高手，会屠宰羊，是修钟表的巧匠，技术高超的木匠等等，几乎全能。可是弗兰克付给他的一年几百美元可能是这个厨师终生所能获得的最高工资了。要是他生长在美国的话，很有可能成为富人，至少收入会是在尼泊尔的几百倍。就是说，如果美国的一个"富翁"，要是在尼泊尔这个小村庄这样的环境里出生成长，还能成为富翁吗？即使你有着同样的天分和努力也不可能。尼泊尔这样的环境当然也出不来比尔·盖茨。出生在美国还是不丹、尼泊尔、索马里，出生在穷家还是富宅等都是运气，不是个人的选择。而这些就和一个人的成功和财富密不可分。

运气不同造成的结果差异很大。在《赢家通吃的社会》里，弗兰克就分析了个人之间一个小小的差异可以带来结果的天壤之别。比如体育界的冠亚军，可能仅仅微不足道的一点之差，这点差别可能仅仅是那么一点点的运气，就让一个人成了冠军，另一个人成了亚军，而冠军的收益可能几乎是全部，只留给亚军一小点份额。而其他的数以千万计的人终生连冠亚军的边也沾不上，皆为陪绑。再比如音乐和小说行业，可能因为微小的一点差别，在排行榜上夺得冠军的就几乎通吃了，消费者时间资源有限，都奔着冠军去了。而且大家为了共同语言，既然多数人看排行第一的书，听排行第一的歌，自己也就从众了。结果是亚军则几乎无人问津。所以，可以产生巨富的行业都有这个通吃的地位性特征。但是成功人士通常高估了自己的能力和努力，同样也低估了他人的不幸。弗兰克认为微软创建人比尔·盖茨似乎明白自己的幸运与自己巨额财富的关系。当有人问比尔有多少青少年在入大学之前有他这样的背景，他说："如果全世界有50人的话，我都会大为惊讶。我在很年轻的时候就比同时期任何人都更好地接触了软件开发，并且这都是源于一连串不可置信的幸运之事。"所以，比尔和妻子成立了基金会来减少世界上那些不幸的受苦难者。

六

阅读有时。有形之书以文字符号的形式呈现给我们，需要我们的阅历和社会投射到我们内心的感受来揭开这些符号的意义。在合适的时候遇到了某本书，即因缘正时，才能与作者形成共鸣。当我也成了作者，看到读者对作品的评价，才更深深体会到一部作品的完成，不仅有作者，更需要读者。读者需要在适当的时候去读，才能把作品的意义呈现出来，实现作品的完成。

由费孝通的《游滕王阁小记》引发我对王勃的千古名文《滕王阁序》的兴趣。在人生不惑之年过后才得遇此文，反复吟诵，体察其登阁写序的心境。王勃感叹的"冯唐易老，李广难封"，贾谊之屈，梁鸿之窜，也只能"所赖君子见机，达人知命"。弗兰克所说的运气，盖亦此意吧。"关山难越，谁悲失路之人！"成功者又有几人能如比尔·盖茨般认识到自己成功的运气的成分而对芸芸众生多生几分慈悲呢！

（原载《名作欣赏》2018年第4期）

第三辑

兰德群星闪耀时

兰德群星闪耀时

杰出人才成群的出现实在是可遇而不可求的事情，因为众多因素都不容易凑到一起。但某个时期、某个群体的人才辈出，则可以给我们提供思考人才成长的环境和机制的材料。世界闻名的思想智库美国兰德公司曾经的群星灿烂时代，就是一个例子。

兰德公司创建于二战之后，兰德灿若群星的杰出人才时期，是创建后的 20 世纪 40 年代到 50 年代，60 年代后即行衰落。2015 年 8 月的《组织科学》杂志发表了一篇由海军研究生院的 Mie Augier，斯坦福大学商学院的著名组织和战略研究教授 James G. March 和兰德公司的 Andrew W. Marshall 合作的论文《杰出学者灿若群星：对兰德公司创新人才的组织解释》，此文对杰出人才的成长环境和制度进行深入研究，对于如何培养杰出人才很有启发。

兰德最辉煌的时代里，有很多杰出人才从这里走出，很多诺贝尔奖获得者的获奖成果就诞生于兰德。比如获得诺贝尔经济学奖的有肯尼斯·阿罗（Kenneth Arrow）、詹姆斯·布坎南（James Buchanan）、约翰·纳什（John Nash）、罗伊德·沙普利（Lloyd Shapley）……真正是群星闪耀。

为什么兰德公司会造就这么多的学术"大牛"呢？Mie 等人的研究找出了五大成功要素。在这五大要素之前，他们强调了组织领导人的个性角色和领导风格的重要性。比如沙普利回忆当时的领导威廉姆斯（John Williams，他本人就是一个天才）博士时说："在他的领导下，我们从不用写进度报告……"不像有些官僚管理人，要求每六个月写一份进度报告。研究发现无法严格计划，是从工作和个性里自然成长出来的。兰德公司当时 24 小时对学者开放，随时可来，随时可走。总之，学者们有充分的学术研究自主权，极其自由潇洒的学术氛围。

那么，除了这一领导赋予学者的自主研究权之外，兰德成功的五大要素是什么？第一，基础研究是应用思想之源的信念。因为当时兰德公司本身是空军部保障国家安全的产物，所以研究的目的是应用，总目标是保障美国国家安全。但他们认为，应用研究的根基必须是基础研究。所以，他们本着"为知识而知识"的精神进行研究。

第二，一种既乐观又迫切的文化。学者们对自己的研究积极乐观，虽然不规定出什么成果和出成果的日期，但他们对于"冷战"中报效国防的使命感，深感研究迫切，有动力和压力。

第三，鼓励研究中离经叛道的野心。不为所谓权威所束缚，不怕超出常规。他们的交流互动很多，而且争论交流不是为了证明自己的正确，而是为了彻底打磨思想的锋利。

第四，招聘新人靠朋友关系。招聘新的学者不用正式程序，几乎全走的是人脉关系，因为学者对自己的朋友和熟人了解，招聘进来容易合作，省却适应期（前提是这些学者本身是靠得住的）。遗憾的是，后来随着规模的扩大和行政的科层化，优势不再，从而也失去了辉煌期的活力。想想蔡元培对北大的贡献，最初招聘教员似乎也走的是这条路。

第五，兰德促使多样性的结合。国防问题是一个复杂综合问题，所以一开始就认定问题取向而非学科取向，因此兰德学者里各种专业的都有，著名的人类学家鲁斯·本尼迪克特（Ruth Benedict）也加盟了兰德项目。有人回忆说："在兰德工作的好处之一，至少是我深感幸福的是，你可以使一个原来是工程师后来是数学家的人走进一个房间，里面有着许多的社会心理学家、政治科学家和经济学家。"这绝不是传统意义上画地为牢的学科研究者所能想象的情景。

兰德的辉煌期虽然似乎是可遇而不可求，但依然可以让我们从中得到许多启发，思考如何为培养杰出人才而提供一个好的制度环境，比如不妨一试小规模的跨学科学者群体，同时赋予他们充分的研究自由。

（原载《新闻晨报》2015 年 10 月 16 日评论版）

美国社会学会会长是如何选出来的？

美国社会学会成立于 1905 年，至今已经 112 年，会员数由 115 人发展到现在的 13000 余人。作为一个发展了 100 多年的学术团体组织，其会长的产生和领导团队的换届制度及其演变过程，对我们中国学会的发展有一定的借鉴意义。本人不避浅陋，略述一二，请教于方家。

早期的美国社会学会

美国社会学的先驱于 1905 年底在约翰·霍普金斯大学成立了美国社会学会（当时的英文名称为 American Sociological Society，1959 年改为现在的名字 American Sociological Association，缩写为 ASA），翌年进行了第一次年会。

1905 年底的成立会议大约有 50 人参加，选举了第一届会长和副会长及秘书：会长 1 人，即莱斯特·沃德，任期 2 年（1906 年和 1907 年），就任会长时，沃德已经 65 岁；副会长 2 人，第一位是威廉姆·萨姆纳，第二位是富兰克林·吉丁斯，任期 6 年（1906~1911），前者后来当选为第二任会长（任期为 1908 年和 1909 年），后者为第三任会长（任期为 1910 年和 1911 年）；秘书为韦迪兹，他也是学会组织的最早发起人，任期 4 年（1906~1909）。

会长连任两年的制度于第五任会长之后废除，从 1916 年文森特作为第六任会长起，任期 1 年，不可再任。两名副会长的制度延续到 1957 年，自 1958 年罗伯特·法里斯起，都是一位副会长，与会长一起选举，且同样任期 1 年。秘书则一直为一人，任期则从 1 年到 9 年不定，不过现在规定为 3 年任期。

早期的会长大都为一些强势大学社会学系把持，其他学校的不满大概促使了提名委员会的改进。比如，从 1924 年到 1934 年，学会会长有 8 位是芝加哥大学社会学系的教授或者毕业生：埃尔伍德（1924）、帕克（1925）、托马斯（1927）、奥格本（1929）、博加德斯（1931）、巴纳德（1932）、路透（1933）和伯吉斯（1934），甚至1931~1935年的秘书布鲁姆教授当时也任职于芝加哥大学社会学系。对此，美国其他大学新兴起的社会学系的学人们越来越感到不满，于是开始私下游说、聚会、讨论，要改变这种芝加哥大学一家独霸的局面。这个背景也可以说是提名委员会得以成立的时势力量。1933年，学会第一次修改宪法和章程，确立了提名委员会要从广大会员中获取提名对象。1935年的会长为毕业于哥伦比亚大学时任明尼苏达大学社会学系主任的斯图亚特·查品，也在这一年，对芝加哥派的反对达到高潮。

在这样的背景下，会长这一职位在社会学人中越来越被认为不是对一个学者的荣誉的授予和成就的认可，而是对权位的竞争。同时学人们感到学会正在偏离传统的学术研究品格。

会长职位的荣誉性质

会长的职位一开始就是荣誉性的。比如第一任沃德教授，被时人称为美国的"亚里士多德"，成就和声望一时无两，65岁时成为第一任会长也是众望所归。前五任会长都是美国第一代社会学家中的顶梁柱，开路先驱。其后的许多人，至今我们依然很熟悉，比如罗伯特·帕克，他是芝加哥学派的奠基人，费孝通先生晚年还在写阅读帕克札记；又如威廉姆·奥格本，他的名著《社会变迁》经费孝通先生翻译，由商务印书馆于1935年出版。

尽管有些波折，但会长的荣誉性质依然作为学会的传统继承了下来。我们能叫上来名字的大牌社会学家大都当选过会长，比如塔尔科特·帕森斯、埃尔文·戈夫曼、罗伯特·默顿、刘易斯·科塞、詹姆斯·科尔曼、迈克尔·布洛维、兰德尔·柯林斯等等。在北美的华人社会学家中，到目前为止，只有林南教授2000年当过副会长。

当然，不是所有的大社会学家都当过会长，比如著名社会思想家、以《后工业社会的来临》等著作闻名世界的丹尼尔·贝尔，以及"社会学的想象力"的提出者米尔斯等，就从未当过社会学会会长甚至副会长。

如果说社会学人把美国社会学会会长作为极大的荣誉，极好的一个例证就是皮季里姆·索罗金当选为会长。索罗金是俄裔社会学家，位居20世纪的大师如斯宾格勒、罗素和汤因比等人之列。他既是俄国第一个社会学系的创建人，还是美国哈佛大学社会学系创建人，并任第一任系主任。他一生有无数传奇经历。他出生于居无定所的贫穷农民家庭，在 1917 年"二月革命"后任临时政府总理秘书。曾两次入狱，一次是沙皇的监狱，另一次是苏俄政府的监狱。1922 年被赶出俄国。1930 年他在明尼苏达大学社会学系供职 6 年后去了哈佛，1959 年从哈佛退休。在他退休后，因为研究的领域转向非主流，逐渐被边缘化。此时，许多社会学人对这位大师的待遇感到越来越不满，于是发起选举他为社会学会会长的运动。索罗金在 76 岁时成功当选了 1965 年的会长（年龄最高的会长，也是获选票率创新高的会长），1968 年去世。美国社会学会介绍他的文章里，把他当选会长作为学会的最高荣誉。

当选会长的标准和程序

既然作为极大荣誉的会长职位这么重要，那么当选会长的标准和程序如何呢？根据学会的标准，任何成员除了附属成员都有资格竞选。但是实际上的标准更多，根据社会学家们的研究发现，主要指标在学术产出，比如发表论文和出书的质量和数量、获得过的荣誉、曾经在各种机构的任职履历、研究成果的社会影响、学界里声望、知名度（在公共机构很活跃、大家都很熟悉）等等。

美国社会学会会长、副会长、秘书和学会委员会成员的选举要依据学会宪法和章程以及学会委员会的其他规定。近几十年的情况，会长和副会长都是提前一年选出并做一年的候任会长和副会长，之后正式任职一年。比如 2017 年会长哈佛大学的米歇尔·拉蒙特教授和副会长纽约大学的凯瑟琳·格尔森教授，是 2015 年选出的。在 2015 年 3~4 月开始提名，5 月 15 日之前发出投票，网上不少于 30 天由会员匿名投票时间。6~7 月选定。8 月社会学学术年会，通常在年会闭幕的时候（除非特殊，时间在年会之前）开始成为候任会长（候任副会长），到 2016 年 8 月年会结束后成为正式会长。正式会长则成为过任会长（past president），是指刚卸任的一届会长，但依然在学会委员会里做一年委员。

会长和副会长候选人有两种提名方式：一种是学会里的提名委员会提出名单，交给秘书，秘书和被提名人联系，询问他们是否愿意竞选会长或者副会长。提名委员会有 11 位成员，副会长是主席，其他 10 人也是普选产生。提名委员会成员的候选人的提名则是由候任副会长带领 12 位普通委员做出的。

另一种是请愿式，公开提名，从 1973 年开始，由其他社会学人（当然也可以是自己）发起，找到至少 100 位会员签名支持（其他委员会成员至少要有 50 名签名支持者），递交到学会委员会，学会委员会再投票决定最后两位候选人（不管是会长、副会长、秘书，还是其他委员会成员，都是两位候选人）。决定两位候选人的具体做法还有待细究。

2017 年会长拉蒙特与我通信时曾说，上面说的学术成就、参与学会活动诸方面，提名委员会都会综合考虑，然后提名候选人，再放到网上公开匿名投票。如果两人票数一样多，则在公正条件下抓阄决定谁当选。网上电子投票从 2004 年开始试行，运行 5 年之后，决定在 2009 年正式运行电子投票，同时如果有人愿意用传统的邮递投票也可以获得打印的选票。

会长和副会长不管是候任、现任还是过任，都在学会委员会里。也就是说，每位会长和副会长都有一年的准备时间，继任正式会长，之后有一年的时间和现任及当选会长、副会长在委员会里一起工作。这样每连续两届都有两年的重合时间，利于传帮带、稳定继替。比如，2016~2017 届的学会委员会由 20 人组成，其中 2016 年、2017 年和 2018 年三年的会长和副会长共 6 人，秘书和执行官各 1 人，再加上 12 位普通委员。这 12 位委员也是选举产生的，每年换 4 人。所以每人任期 3 年，每年换掉 4 位。这样保持了每年都有有经验的委员至少 12 人，占委员会的一半以上，新手 7 人或 8 人，占一半以下。这样为换届过渡的连续和稳定提供了充分的条件和时间。

根据最近十届会长的资料统计，当选者的平均年龄为大约 63 岁（范围为 56 岁到 70 岁），比最早的十位会长的年龄高大约 4 岁，功成名就者不可能是年轻人；女性会长数量占绝对优势，最近 10 位中有 7 位女性，这是 20 世纪 70 年代以来女权主义和女性社会学家崛起的成果的延续，最早一位女性会长是 1952 年的多萝西·托马斯教授。会长们当选时候的任职大学都是名校，这与最初的十位会长的情况一致。比如 2017 年会长拉蒙特来自哈佛大学，副会长格尔森来自纽约大学，2018 年会长和副会长分别来自杜克大学和明尼苏达大学。

跨越了 112 年的美国社会学会会长、副会长及秘书的选举，以及包括

12 名委员会委员的选举和换届制度基本成熟，运作稳定。限于篇幅，本文只对美国社会学学会的会长及领导团队的选举和换届情况做了简略介绍，有兴趣的读者可以找到学会网站和有关研究资料了解具体细节。

尽管中美两国社会存在诸多不同的地方，而且美国社会学会的选举也存在成员投票参与度偏低的缺点，但其中一些制度和操作方法，可以为我们中国社会学会和类似组织的制度建设提供一定的借鉴。

（原载《上海书评》2017 年第 5 期）

此花不在你心外

据说，王阳明与弟子游南镇时，学生指着岩石中花树问他："天下无心外之物，如此花树在深山中自开自落，于我心亦何相关？"王阳明回答说："你未看此花时，此花与汝心同归于寂；你来看此花时，则此花颜色一时明白起来，便知此花不在你的心外。"

我不解王阳明高深哲学之究竟，对他上面那段话的理解是，花开本没有意义，是心赋予了它意义。

曾经有段日子，我心里的天空布满阴云，暗淡无光。一个人走在大学校园，空空旷旷，不见人影，却看到各种有名或无名的花开得鲜艳妩媚。这些花引得我不禁问道：无人来赏，何以怒放？即刻，我自己也笑了，我不是正在欣赏它们吗？大概正因为我的"心"，花便开了，是我的心与花一起明朗起来。于是，我写下一首诗——

> 四季桃荷菊引梅，无边风景顺时追。
> 风前怒放只须放，桥畔霞红不为谁。

这些花该开的时候就开，不管有没有人来欣赏，自性的绽放不为任何人。可是，又回到王阳明的"此花不在你心外"，似乎我的心一动，花便开了。是呀，没有心，何以有花，何以有花娇艳的颜色？花本是无感地存在，无觉地开放，是心赋予了花开的存在、价值和意义。不然，一颗麻木心，怎能体会花开的情感？他的世界也不会有这些明亮的花朵。

是心让花开有了意义和情感，也是心让世界有了意义和情感。

比如一篇文章，便可以看作一朵怒放的花，它的价值和意义就取决于读者的心。同一篇文章，同一本书，在不同的读者看来是不一样的。同是读马尔萨斯《人口论》，达尔文读出了"生存竞争"，完成了自己的进化论；同是读弗洛伊德《梦的解析》，社会学家奥格本从梦的隐性内容发挥想象，提出了他的"文化堕距"理论；同样是《红楼梦》，"单是命意，就因读者的眼光而有种种：经学家看见《易》，道学家看见淫，才子看见缠绵，革命家看见排满，流言家看见宫闱秘事"。同是花开，因为不同的心而意义迥异。

心的境界，决定了花开的价值。而心的境界，取决于修行的道路。

（原载《中国教师报》2016 年 11 月）

学者创新要有点赌博精神

创新尤其是原创性是学者的第一追求。而创新往往具有悖逆传统的特点，很可能一时间不被接受，论文不能发表，使学者的学术生涯受挫，这是一个风险。学术界流行一句话：不发表，就完蛋。对一个年轻学者或者资历尚浅的学者而言，尽管创新可能一下子使其成为学界领军人物，获得丰厚回报，但把论文发出来奠定生存基础则更为要紧。这是美国加州大学洛杉矶分校和芝加哥大学的三位学者 Jacob G. Foster，Andrey Rzhetsky 和 James A. Evans 近来研究的发现，值得我们在鼓励学者创新并采取适当策略应对时用作参考。

在学术研究上一直有这样一个张力，是趋同还是趋异，是在已有的传统框架内做些研究，还是另辟新径，开创一个新的范式。这也是库恩广为人知的《科学革命的结构》里的经典问题：传统与创新的问题。一旦一个研究范式确立了，就成了传统，许多人都在这个传统规范下研究、修补与完善，时间一久，这个过于成熟的范式就失去了活力，需要新的理论出来取代原来的范式。这个新的范式开始时是对原来范式的叛逆，一旦得到确立又成了新的传统，科学就是这样不断革命和进步。这种范式革命的性质也决定了创新总是少的，而这个很少的创新在传统力量下，生发也非常困难。Foster 等人通过对生物医学领域里自 1934 年到 2008 年的 600 多万篇论文摘要和文章的创新与被引用和获奖等回报的研究，支持了学者在学术研究中保守占主导的现象。学者们在选择研究问题的时候，通常选择的是稳妥的生存策略。

对于刚出道的学者来说，更可能选择容易发表论文的研究题目，而不是选择离经叛道的创新。创新如同赌博，虽然也可能赌成功了获得巨大回报，不仅可以确立在本行业的"大牛"地位，而且各种奖项也会纷至沓来，进一步提升名誉。但风险同样也大，这风险当然与学界的评价机制也有关。

比如一个刚入职的"新鲜"学者，其任务是 5 年之内要出多少篇论文，并且发表在哪种级别的杂志上等等，否则就要卷铺盖走人。这样，这位学者就不会选择一个尽管做出来很有独创性但需要三五年时间才能出成果的研究题目。因为对于一个初入学界的年轻人，没有什么比立下根基更重要。这样说起来，似乎那些已经地位稳妥的学者才更可能冒风险去创新。但是，那些地位稳妥的学者往往习惯了一种"稳妥"路径，创新的意识和驱动可能大大降低。因此，这种学术评价机制对于学术发展来说弊端很大。虽然说，一个新范式成立，需要很多学者来改进和完善，但大的"革命性"突破是更重要且更困难的事情，更需要支持和鼓励。

在分析学术界这种传统和创新之间张力的现象和机制后，Foster 等人提出了一些解决建议。首先就是把稳定的工作与发文章的多寡脱钩，就像贝尔实验室（Bell Labs）所做的那样，鼓励原创性。这就要求研究基金给的是学者，而不是项目。这样可以把生存下去的压力造成研究上的选题保守性问题给大大缓解。其次是让风险性项目研究基金的获取门槛降低。这样可以让初出茅庐的年轻学者较容易获得研究富有风险但易于创新问题的机会。两种手段并举，可以在一定程度上缓解稳定保守的研究困境。不过，创新因为其赌博的性质特点，败多赢少，人们也必须明白，即使通过各种政策和机制让学术生涯的生存风险在一定程度上得到降低，学者的创新也仍然需要一点赌博精神。

（原载《新闻晨报》2015 年 12 月）

花期雪期会有期

与往事可以干杯，但积淀的历史传统智慧必须要继承。古典的理解因为文字和教育的断裂，让现代国人颇费脑筋。因而，稀有的可以解读古典的学者的作品对于我们理解古典思想似乎就不可或缺了。不久前，来美访学的胡晓明先生所赠《古典今义札记》（海天出版社，2013）一书，就为我对中国古典思想和历史传统的理解补了一课，很有启发。下面就谈几点我阅读中很有感触的地方，作为与胡先生谈话，更准确地说是求教的继续。

一 "祭如在"与社会秩序

胡先生在《绝地天通》《祭如在》《王庭决大议》等文章里，对信仰、政治和社会秩序的关系在中国古典文献和历史文化传统中的关系演变有极深刻的理解和阐述。与天的通与不通，关系到政与教的关系问题，意义的提供方是谁的问题。胡先生以史华慈的观点，"绝地天通"是中国思想的一个逻辑起源出发，认为中国思想史的开展可以分为四个阶段：第一个阶段就是天地相通的原始思想阶段，意义世界由巫来管理，民众没有意义自主；第二个阶段人人都是巫，意义的源泉开放了，意义自主了，但意义的世界充满了冲突和战争；第三个阶段"绝地天通"，政教合一，以集团或阶级或国家或集体的利益诉求，赋予个人生命的意义，意义之源被垄断，取消了自主。胡先生说，接下来，第四个阶段则要对前三个阶段进行整合，既不是没有自主、没有权力的被赋予状态，也不是意义世界各自为政、意义与意义的战争状态，而是既有意义又有区分，既自主又和谐的一种状态，这是一种新的"天地相通"吗？这是胡先生的自问，但没有自答。

对这个思想史的分类和逻辑推演，很有启发性，帮助我们寻找生活的意义的思想资源。郑也夫先生在《后物欲时代的来临》一书中探讨过这个现代意义的话题。传统上是宗教提供人生意义的价值观，在消费主义盛行之前，政治家是人生价值观的提供者，而在这个消费主义时代，商人要取代政治家，成为人生价值和意义的或者叫意识的供应者。但问题是，商人提供的这些价值观，是消费主义取向的，脱离了人深层次的心灵的充实。因为"绝地天通"是意义产生的"官方化、国营化、计划化"，但是实际上商人的出场让这个"绝地天通"已经无法实现了。胡先生的"意义世界的真实性、合法性由谁来定"仍然是一个棘手的问题。

所以，在《祭如在》一文里，胡先生回到了孔子的智慧。《论语·八佾》里说："祭如在。祭神如神在。子曰：'吾不与祭，如不祭。'"胡先生采用钱穆先生的译文："先生在祭祖先时，好像真有祖先们在受祭。他祭神时，也好像真有神在他面前一般。先生说：我若不亲身临祭，便只如不祭。"胡先生对这句话的理解是从人的有限性来说的。他说："孔子并不否定人的力量，但对人的力量有所保留，有所控制，有所转化，有所引申，这是孔子很了不起的智慧。"就是说，孔子依然为"神灵世界"保留了位置和空间，对人本身有所保守，认识到了人的有限性，基督教常说的人的"软弱"。胡先生认为，没有了这种"祭如在"的精神，就是"今天的人之所以无恶不作"的原因，因为"取消了人心上面的存在，赋予了人无所不在的权力。打倒了皇帝，取消了神灵，推翻了上帝，抹杀了传统，甚至砸烂了秩序，人没有忌讳了，人失去了必要的监督与限制，所以人无所不为，无往不胜"。"如神在"就是"要以一种人心所预设的文明创意，来相对制衡人无限的权力"。人类文明中宗教的地位应该是核心的，不管是"绝地天通"还是天地相通。宗教社会学家罗伯特·贝拉 2011 年出版了《人类演化中的宗教》对宗教在人类文明中的核心地位有很详细的论述。

二 "关天意"的学术

在这本札记里，胡先生对陈寅恪先生的理解和阐释很富有启发。陈寅恪不仅仅是一个学术符号，只有理解他的丰富心灵内涵才能为我们的学术界和社会输送难得的精神营养。在《吾侪所学关天意》一文中，胡先生从陈寅恪挽王国维诗句："吾侪所学关天意，并世相知妒道真"开始，问到"为什么'吾侪所学'就肯定'关天意'？"这就要回到晚清变法思想之"二源"：郭嵩焘代表的"历验世务"，自下而上的变法，和康有为代表的浪漫政治，自上而下的路线。而陈的家学就是前者。胡先生引经据典认为，陈寅恪的"吾侪所学"就是历验世务的史学和借镜西国以助成中国变法的新学。陈寅恪揭破了今文古文的褒贬兴衰是一种制造出来的故事，一种叙事策略，而在这种策略下"将求真的规范性理论与求权力的解释性理论混为一谈"。而这关系到"求真的规范性理论"要与种种求权力的解释性理论区别开来。接着，胡先生归纳到第二点，中国经学史上一个与生俱来的病根，即以善取代真，政治伦理的考虑优先于知识真假之考虑。社会思想和社会实践之间的关系，知识可以改变历史，阅读可以产生事实，思想可以生产事件。康有为看到了文化/理性可以建构社会，利用符号的力量搞社会变法，结果伤害了知识本身，也误导了社会。

现在的学者如何呢？在《香江书简》一文里，胡先生对知识和知识人的观察和思考正是对时局下的知识人的学术取向问题。现代的学术政治，似乎学术本身政治化了。比如胡先生总结的现代"学术政治"所依凭的条件和素质，有这样几点：清醒的目标感和有序的追逐活动、敏锐的发现能力、旺盛的生命才情、利用一切可利用的人事关系、尽可能多渠道争取各种资助的经费、老练的组织能力、手下有相当数目的二老板、掌握着可呼风唤雨的刊物和举足轻重的学会。学术已经演变为一场学术生存方式中追求权力的游戏，在这场游戏中，学术的终极关怀和真正的敬意都缺席，价值理性失落，读书人粗糙化、粗鄙化。胡先生在文中说，在香港"接触到不少从事社会科学的学人，他们的专业水准、心理素质、工作态度无疑是第一流的，他们做人的态度也是严肃的，但是他们的人文素养却低得颇成问题，几乎不能谈文化，更粗俗到不屑谈文化，一谈就俗，一俗就不可收拾。极端的单面人（one dimensional man），逸事不胜枚举"。这种情势下的知识人如何才能"吾侪所学关天意"？

没有大关怀，进境难高。即使陈寅恪写《柳如是别传》"著书唯剩颂红妆"，也是对明清痛史给予了很深的感情。有了这份情怀，才有学问的大根基。胡先生引用了波兰尼的观点，认为"科学情感具有科学中的逻辑的功能，它们给科学贡献了一个不可缺少的因素"。胡先生通过陈寅恪的"吾侪所学关天意"确实给当下读书人一个警醒：一是学者要提高精神境界有大关怀，二是莫把获取权力的政治伦理与规范性知识理论混淆在一起。

三 花期雪期与知识人的"家"

知识人寻找精神家园的漫漫旅途，发出了"敢问花期与雪期"的询问。胡先生借助叶嘉莹教授的诗句，对 20 世纪的中国知识人的文化精神漂泊羁旅无"家"可归做了描写和深刻关怀。这种关怀是一种生命和人文的深切关怀。通往乡关的路上，有花，有雪，有美与诗，有生命与意义。在《敢问花期与雪期》一文里，胡先生提到了雷峰塔的倒掉的文化蕴涵。曾在教科书里读过鲁迅《论雷峰塔的倒掉》，还不知道其象征意义，如陈寅恪所言，是殉了中国文化。

胡先生对古典文学的美和生命的意义有深刻同情的理解，他曾著有《万川之月：中国山水诗的心灵境界》《中国诗学之精神》《诗与文化心灵》等等，对中国古典的人文和生命的美学做了深入的研究。现代人们的精神世界，根据郑也夫先生的后物欲时代来临的观点，在解决了温饱问题之后，人们有两个趋向：一个是堕落，另一个是升华。而古典的游戏比如诗词歌赋等就是这种游戏，可以提升人的精神不至于堕落。像叶嘉莹教授这样"敢问花期与雪期"的知识人，在当下的世界已经是凤毛麟角了。我想胡先生、郑先生和叶教授这些知识人所关怀的都是面对物质消费主义的世界，为人的精神世界寻找一个菩提善道。

在《风雪夜行人》一文里，胡先生借助饶宗颐教授的诗词的评论谈到了美妙的古典诗词与精妙的游戏。胡先生说，选堂（饶宗颐号选堂）诗词以和韵为重要特点，其中就有与古人的次韵。次韵要突破前人是很困难的，所以次韵又有"竞赛""竞技游戏"的意味，于是胡先生说："我们不能不承认，古代中国诗的写作，很大程度上是一种竞技游戏，是高雅的语言艺术活动，其难度、深度与复杂性，不亚于世界上最精妙的游戏。"而且次韵的诗学，有助于诗人探访文化心灵的故人，谛听到历史精神的回声，历验诗人写作的秘径，参与艺术生命的创造。胡先生引用哈罗德·布鲁姆的观点：凡文学史上后来的诗人，往往有一种"影响的焦虑"，即面临着前辈大师的优秀作品，他们必须要以一种迟到的身份作殊死的搏斗，努力创造有意的误读、修正甚至颠覆的美学，以此来营造一个富于想象力的独特空间。郑也夫先生的"游戏论"认为，走向升华的道路要通过这种有难度和深度的游戏，"游戏是我们最好的选择，很可能也是我们最终的依赖。它是良性的刺激；被一个有深度的游戏俘虏，或者说上瘾之后，就不必再去寻找肤浅的刺激了，因此游戏是可持续的刺激"。

回归古典文化里的文学和诗词"游戏"，大概是知识人回"家"的漂泊之旅中的舟车，"花期雪期会有期"也许在这个旅途的某个山洼村巷。我这样附会诗词这样的古典文学的游戏性质与知识人在消费社会里的文化回归，胡先生大概会有自己不同的看法。

总之，阅读胡先生的《古典今义札记》，触发我的很多思考。我似乎就在这个旅途中不时踏雪寻梅、一路上有着康德的理性、托克维尔的自由、陈寅恪的史神、柏林寺的书香、西湖的奇雨、钱穆的文学、仲尼与文王等，还体验着胡先生的"音乐体验"、一起"星马纪行"。

（原载《文汇读书周报》2013 年 11 月）

语言，日用而不知的背后

读郑也夫先生的语言社会学杂文集《语镜子》，会让你不无惊叹地发现，日用而不知的语言背后，隐藏着那么多道道儿：人情心理、社会机制、价值变迁、时代思潮。我们不妨先看看一些文章的题目，便可一窥其诸多话题之趣味性与社会之批判性。比如："谁？我！"——封闭的社会；"哥儿们"——关系之网；"长"字满天飞——官本位的社会；"新鲜"——保守社会中的咒词；"棒"——性崇拜之痕迹；"牛逼"不是京骂；"张老"——势利的恭维；等等。

《语镜子》分两编。第一编是1990年完稿，1993年问世的《礼语·咒词·官腔·黑话》。第二编是写于1992年至2011年20年间的与语言问题有关的文字。虽然跨度颇大，但两者一以贯之的是：一是当今学界极为难得的不拘泥于学科领地的"随兴穿越"，纵横古今中外，语言材料信手拈来，从爱斯基摩人的"雪的描述"到阿拉伯人的骆驼词汇，从"楚虽三户，灭秦必楚"的民谣到"被"字声中听惊雷，从法国大革命对语言的清洗到至今未清理干净的如"砸烂狗头"之类的"文革体"语言等，从社会学、历史学、生物学，当然还有语言学等视角进行分析讨论。二是为了分析语言赖以产生和流行的社会背景，选择的是"最流行的社会语言"，即目前或曾经有着极高使用频率的语言，无论它是寒暄语、是称呼、是口头禅、是官方的报刊辞令，还是流行的骂人话。

如本书副标题所示：语言是社会生活的一面镜子。其实这面镜子也是活着的历史。比如，在电气化时代，虽然电灯已普及，但"盏"字告诉我们，在"灯"的历史长河里，"电"只是晚近的事情。语言作为历史积淀的例子，最明显的是本书中分析的"吃了吗"，反映了"民以食为天"的国人的苦难历史，显示我们民族是"饥饿"怕了的。书中引用了社会学家的统计数字，自公元前206年至1936年，2000余年时间水灾1031次，旱灾

1060 次。饥馑、流民、饿死、"人相食",更是不绝于史书。在温饱解决后的今天,大概作为国粹的问候语"吃了吗"将成为历史,也许"好天气"会如作者所愿,取代"吃了吗",成为流行的问候语。

作为理解国民性的语言,汉语"文过饰非"的功能确实是一面难得的透镜。"'劳逸结合'——为尊者讳"这一节是极为精彩的一篇。明末曾任兵部尚书后投降清朝的洪承畴,死后家人为之立传,极为纠结,后有一位刀笔吏,以一字百两银子的价码,这样抖出了两句话:杀吾君者是吾仇,杀吾仇者是吾君。玩的就是文字游戏,文过饰非。现代的典型例子,比如"文革"的时候,混乱的极"左"时代,官方说辞依然是:形势大好,乱了敌人,锻炼了群众。这说辞带着"咒语"的力量:言下之意,你若是被搅乱了,你就是敌人;立刻使反对混乱的人噤若寒蝉。

我们现代人对仪式语言似乎已经丧失了意识。该书"仪式语言"一篇提醒我们,伟大的仪式演讲者都领悟了祖先的智慧:仪式语言不是实用语言,它不是要晓之以理,而是要动之以情,不是教你怎么做,而是告诉你为什么要去做。它拨动你的心弦,借此将一种意义、一种价值观注入你的心中。比如牧野之战前周武王的誓言是仪式语言,拿破仑在金字塔前对胜利的法国士兵的高呼"埃及五千年的文明在向你们召唤"也是绝佳的仪式语言。

语言,是中华民族的审美主弦。作者对比不同民族的审美区别:黑人纵情于热情疯狂的舞蹈中,日耳曼人和意大利人有一个神秘美妙的音乐世界,中国人则是将其审美趣味重心牢固地放在了语言之上。中国古典的诗词、骈体文、联语等,都是见证。作为温饱解决后的个性追求,"联语"也将是一个潜力无穷的出路。婚礼或祝寿时,红包或礼品虽然不可或缺,但远不如个性的、礼仪的、极致的话语。"对子在此有独到的优势。相比之下,文章冗长,诗歌小众。对子则可文可白,可雅可俗,短小精悍,它的针对性、话语性,使它可望成为某些仪式场合的不二选择。"书中,作者写给其朋友和学生的镶嵌联,很是温暖别致。

现代社会科学,理论层出不穷。俗语有"嘴是两张皮,咋说咋有理"。谚语在很大程度上就是如此,比如从本书给出的例证挑出几个:好男儿志在四方/父母在不远游,有其父必有其子/鸡窝里飞出金凤凰,未雨绸缪/车到山前必有路,等等。从"各说其理的谚语",郑也夫先生认为"社会科学中的多数说辞上升不到理论的层次，叫作话语更恰当。它们是某个利益派别的说辞。多个话语并存，穷尽了各方的利益表达及分配方案，其功能并不小：为较高水准的妥协准备了前提，搭建了平台"。各方说理，之后"妥协"才是关键词。

诚如作者在序言中所说，语言是富矿，有待全面开采的富矿。这本《语镜子》似可引领我们，去打开这座富矿之门。

（原载《中华读书报》2014 年 2 月）

历史是朵风中的花

炎热夏季，单位室内空调开得极冷，当我看到窗外不远处一朵怒放的月季花在风中摇摆，感到那朵花在瑟瑟发抖。回到理性来的时候，我知道外面很热，那风是热浪。可是，如果我很久未出去的话，究竟外面温度如何，我真的不知道。就如同历史，都是过去的事情，我们无法再亲历了。当回溯历史的时候，我们是否也一样隔着层层玻璃窗，透过蛛丝马迹来解读我们想象中的历史呢？这让我想到了史学家许倬云阐释的中国文化史，似乎从中看到的历史就是那朵风中的花。

许倬云先生 2005 年出版了《万古江河》，追溯了民国之前上万年的中国历史。目前又推出了《说中国》，再次把对中国这个文化共同体的形成历史进行解读。《说中国》的副标题就是"一个不断变化的复杂共同体"。许倬云先生说，中国作为一个文化共同体，从早期的华夏体系，后来演变到天下体系，直到现在这个中国，一直是一个不断变动中的复杂共同体。从而，在他的史学视角下，我们的国家、族群、宗教、社会等归属和认同都是一个建构的变动过程。在大约 4000 年前，中国有六七个区发展起来了各自的文化系统，而后来占了上风的在山西、河南一带的庙底沟文明当时各方面都不如其他文明，比如东北红山文化、山东大汶口文化、浙江的良渚文化、河姆渡文化等。可是不知道什么原因，那些文化系统都衰落了，全塌下来了，而庙底沟文化却在二期成长起来了。许先生认为，庙底沟文化吸纳能力很强，从四面八方的强势文化体系里吸取长处，这儿拿来点儿，那儿拿来点儿，进而形成了一个吸纳能力很强的中国文化传统，比如汉唐时代就广纳世界人才、文化和物品。当然，同时也送出去，我们的文化送给了日本、朝鲜、越南等国，甚至通过丝绸之路，我们的发明创造和文化影响了欧洲，成为欧洲启蒙运动的一个力量。

从而，中国，从中原的中国，到中国的中国，到东亚的中国，到世界的中国，这是一个变动着的复杂的系统过程。曾经的敌人，成为我们的邻居，现在的敌人，也可能成为我们未来的邻居。我们的认同在这种历史里也是变化着的。甚至姓氏都在变化着的。对此姓氏的变动，我个人有感触。我曾看过家谱，祖上追溯到李白，我们这支陈姓原来姓李。总之，这个身份认同的历史解读，我想，大概与许倬云先生的个人经历和治学视野是分不开的。

许先生 1930 年出生于厦门，老家江苏无锡，江南世家大族。7 岁时随父母因抗战不断迁移，到过农村，在湖南、湖北、河南、陕西和四川等地住过，看到了生老病死和离乱伤败。7 岁时看到赶赴抗战战场的川军，一张张淳朴年轻的脸，望不到边的年轻人，他母亲告诉他，这些人都不会回来了。听了这个，他嘣一下子长大了，开始思考起人生大问题。1948 年，他随家人去了台湾，后来留学美国，数十年在美国生活工作。大概是这种不断移动的地理环境和转换的身份归属，让他感到了认同和归属的动态变化。50 岁后，他形成了超越国族的世界人类关怀，所以晚年写史，重点关怀的是世界人类共同体和个人。

历史就如同窗外那朵风中的花。对历史的理解，也是个人经历体验的再次投射。许倬云先生早年学过考古学，他说过："在考古学上得到的最大好处，不是考古学本身的知识而已，是考古学上从细枝末节的材料去推论，……我要有点 speculation，要有一点领悟，要一点推测。"记得郑也夫先生在写作《文明是副产品》一书时，我们交流讨论过这个问题，郑先生与许先生持一样的观点，不是有一点证据说一句话，而是要推测。这推测就很有主观性，与个人性情经历很有关系。但也正是这种推测，历史才有了温度，有了灵气。正如风中的花，即使是在夏日热浪里，我们因为自身处于一个很冷的环境，而赋予了它一种"瑟瑟发抖"的冷，是一种当下的投射和情感依托。

有了这种历史的解读的个人性，许倬云先生才成其为历史大家。他自陈："我绝对不拿历史当作一个纯粹学术的专业，我拿它当作理解生命，理解自己，也是我自己安身立命之说，我自己寻找方向的一个东西。"《说中国》的缘起就是一个朋友提出的问题："我"究竟是谁？这是个人和群体都避免不了要询问和回答的问题。在这样的认识下，他说，自己的历史观点拿来给人阅读，可以给人不同的观点，启发思考，但不是定律，每个读者都可以有自己的观点。历史有不同的面向，非常复杂，每个人都可以根据自己的感知体认来解读历史。

虽说每个人都可以有自己对历史的解读，但是每个人的经历学养和根性不同，洞察能力则高下有别。许倬云先生这样的虚怀若谷，如同他所说的中国文化体系一样，东西南北四面八方都吸收营养，以开放的心态进行交流，既拿来，也送出，不断获得成长，许先生本人的人生求学和学问经历也是一个东西交流交换吸收送出的过程。这样，才有了《万古江河》这样大气魄、大思想的通俗中国通史，以及《说中国》这样避开了帝王将相、以民众日常生活为主的大历史著作。

许先生一再地论述中国历史是一个复杂的动态共同体，其中一个大的关心，是要破除我们心理上的"中华中心论"，尤其是"中原中心论"。当我们经济上获得发展成为世界一个重要的经济体后，要避免文化自大心态，要有理性认识。我们要保持中国文化传统里开放和容纳的胸怀、"拿来"和"送出"的优良传统。未来的世界文化是大海，各个民族的文化是江河，最终都要融汇到大海。我们中国有丰富的历史经验，可以提供给世界进行借鉴，为世界的和平和发展，形成和谐的国际秩序提供经验和智慧。

（原载《齐鲁晚报》2015 年 7 月）

人才也是"副产品"

记得十多年前我读赫伯特·西蒙的《我的种种生活模式》一书，震撼于此公天才的创新力，横跨文理两界的"大牛"。他拿的是芝加哥大学政治学博士，但获得过诺贝尔经济学奖、计算机图灵奖，以及心理学和管理学等领域的顶尖级大奖。而在这本书里，他回顾了自己的学术生涯，对自己走过的道路得出的结论是：这条道路是环境与自己互动的产物，就是自己顺应当时的环境，一路走下来"随遇而安"的结果。近来我读到郑也夫的《文明是副产品》（中信出版社）一书，说人类文明的发展几乎走的也是这样一个路子，任何一次文明大突破，都不是有计划的"目的产物"，而是副产品。郑也夫在书中数次提到教育问题，不妨借此书来观照一下教育与人才的成长现象，带给我们哪些对教育的思考和启发。

教育的目的似乎有不同的定义，但大体上还是要培养人才。人才千差万别，早期笼统地学习各种基本知识，后来职业选择的分化在很大程度上是诸多不可预期因素造成的。比如我成为社会学者，就是很偶然的因素促成的。我在大学三年级之前，从未听说过社会学这个词。直到大三结束后，我回到母校，巧遇"中师"历史老师，说起我打算考研的事情，他说了一句"社会学也不错"。这是我第一次听说"社会学"三个字。开学后回到学校找来社会学书籍一读，就着迷了，后来就走上了社会学研究的道路。走这条道路是不是最优选择？根据西蒙的理论，我们都是有限理性的，所以无法知道最优选择是什么，决策依据的是"满意原则"。选择了社会学为职业，于我很是满意。

如同文明是副产品，不是有目的的产物一样，人才的发展宏观上看也是如此。但是，也如同文明发展有其范式一样，人才成长也大致遵循同样的机制。郑也夫在"文明与副产品"一章里总结了五条机制。

第一条是给予。在农业起源过程中，天赐"圣米"居功甚伟。也就是没有人栽种的大片野稻，让人找到了天然"仓库"，定居后人口增长，需要更多的米，就开始栽种。这样，农业社会开启，人也被农作物捆绑住了。就是说，给予会改变对方的心理、期待和行为。不管是家长，还是教师，通过奖惩，每天都在"给予"学生和孩子们些什么。正如书中所说："父母的过分给予也是问题产生的主因。父母肯定是要给予的，因此这里的问题就是该给则给，不该给则不给的原则以及分寸问题。"家长和老师的行为，都会影响孩子的心态。"溺爱——父母过度的给予，使孩子背离了常规，会造成孩子发展的异化。"

第二条是借用。借用就是别的文明有的，我们的文明可以借用过来。在人才成长中，借用常常是丰富自己的知识结构所必需的。比如，上面说到的西蒙，他借用计算机模拟来研究心理学和经济学等，横跨了几个不同的大领域。文明的创新不少是借用后产生的结果，个人的成长也一样。书中一个很有意思的地方，是关于中国和古希腊两种文字和语言发展的对比。中国极为重视文字，但轻视口语，产生了大量的文字作品；而古希腊则轻文字，但极为重视论辩，重视语言的运用。郑也夫得出的结论是："西方重辩论与演讲，中国重文章与背诵的倾向贯穿古今。""宏观而言，口语与文字的并重，造就了古代文明的最高峰。"我们的科举传统到如今，都是重视笔试，而不是口试。不妨我们把语言的培养重视起来，把西方重视辩论与演讲的传统借用过来。

第三条是杂交，也是说的跨学科的好处。它告诉我们，不要让学生过早文理分科，造成知识壁垒，难以跨界。

第四条是发明。一个新的发明会带来一连串不可预期的后果。比如，教育上的某些特殊实验班。因为实验班，就会尝试一些新的方法或者内容，带来后继一系列的人生路径依赖后果。比如，黄埔军校、社会学里的南开培训班，就是诸多偶然因素，让这个"发明"影响了一批人的成才道路。

第五条是互动。这个词是社会学里最关键的词语之一。人类一切活动都是不同形式的互动。西蒙说自己的人生道路是自己与环境互动的结果。互动在关系中产生，也在塑造关系。用郑也夫书中的话说："互动产生了互动前所没有的新的格局、关系、心理、性情。"书中举了个例子，美国家庭农场，父子两人养奶牛，牛被他们圈养，同时他们也被牛捆绑住了。师生之间的互动也是一样，老师在控制和教导学生的同时，老师也成了学生

"驯化"的对象。

我们借用文明与副产品的几个范式关系来思考教育与人才成长问题。人才成长也是无法具体计划的,是复杂系统相互作用的结果。从这一点来看,人才一样也是"副产品"。往往那些计划的目的性看似积极,实则"功利短视"。最近几年,郑也夫在研究教育多年后,提出了"消极教育"的观念,就是我们可以在大的学习环境上有些作为,比如提供图书、实验条件等,但是对孩子的学习和活动应该少干预。在《吾国教育病理》一书中,郑也夫说:"对人的发展,对创造力如何发育,承认自己无知,稍事避免莽撞,可能更明智和可取。我以为,人类的能力中最微妙的是选择能力……天才人物的选择都是他们自己完成的,早年在选择上受到的帮助越大,很可能越难发育出自己的选择能力。"

（原载《中国教育报》2016 年 6 月）

记日记的人更容易获得成功?

收到涂子沛新著《数文明:大数据如何重塑人类文明、商业形态和个人世界》时,我正在福州大学访学,恰巧在为一个关于"大数据时代教育何为"的讲座做准备。这本书无疑对我帮助很大。许多人已经就本书在商业形态的发展、高清晰社会的建设、智慧城市的构建、数据新政等方面做了很精彩的介绍和评论。所以,我仅挑其中一个桥段作为引子,写一点自己的感想。这个桥段也许是关注数据与文明的宏大题目下大家比较容易忽略的,那就是涂子沛分享的自己的经历,即日记助力成功的故事。由于当下"成功"一词被滥用,这里把"成功"改为"成长"似乎更好。

涂子沛就记日记习惯对他的人生精进的影响上这样写道:"日记是对一天生活经历体悟的记录和总结。我有写日记的习惯,但时断时续,没有坚持下来,今天回头看自己30多年求学工作的经历,我惊奇地发现,坚持写日记的时候就是我人生精进、大踏步前进的阶段,一旦停止记录,进步也随之慢了下来,这一点竟然非常明显。"看到这个"惊奇的发现",我想到自己时断时续记日记也大约25年了,回顾起来确实能够印证上述"定律"。

记日记是一种记录。曾国藩坚持楷书写日记,也被涂子沛作为日记助力成功的典型例子写进了书里。他总结说:"一个勤于记录、善于记录、形成了记录体系的人,正像一个国家和社会一样,会更加成功。从我的职业阅历来看,我真的没有见过任何一个具备了自己的记录体系却无法获得成功的人,如果有,这会是一件大大的怪事。"

记日记的人为什么能更容易获得成功,或者说成长?书里没有具体解释,但给出的似乎不言自明的答案是记录的重要性。因此涂子沛说:"之所以重提旧事,是因为我切身体悟到,大到人类文明的进步,小到一个人的职业成功，记录的意义和价值无处不在，而且至关重要。"

但文明进步的记录，或者说是"大数据"，与个人的日记这样的记录的"小数据"还是不同的。我猜测，个人日记的助力作用大概是通过这样两个途径发挥出来的：一是记录中对每天的事情有一个回忆和再思考的过程，增进对自己的认识和环境的认识，提高了对自我和环境的反思认知能力，当然也包括写作能力；二是在不同时候可以翻看日记回顾过去，更好地总结以前的经验和教训，用过去照亮未来。这种记录不同于我们淘宝上购物的记录，也不同于微信朋友圈点赞的记录，那个记录要汇集起来通过"大数据"分析来认识"个体"或者"集体"行为。

作为记录的日记，功能可能很多。在小学的时候，语文老师让记日记，不知道记什么。我真正开始记日记，是中学最后一年开学不久。2018年在一次会议上听周国平讲他开始写日记是5岁，是因为他到了亲朋家里吃了好吃的东西，感觉忘了多么可惜，于是就每天记下来吃了什么。形成了习惯，记录人生的每一个经历和感悟。日记变成了一座富矿，挖掘不尽的人生财富。这还是传统意义上的日记。

数据挖掘就是把记录的价值和意义开发出来，否则记录是没有意义的。现在有知乎，有豆瓣，有微博，有自媒体等很多不同形式的"日记"。我想，这些写手的记录不仅对社会"大数据"做了贡献，对记录者自己的职业生涯而言，其价值和意义也是巨大的。这是拜"互联网"所赐的价值。"时至今日，互联网已经成为全面记录整个社会生活的机器。在15世纪问世的印刷机属于一个企业或组织，个人难以持有，但今天的互联网可以为每一个人所用，和每一个社会成员融为一体。"

在这个互联网时代，我们每天的活动"文字"视频等"日记"，有意无意的"日记"，构成了"大日记时代"，也是涂子沛所说的"数文明"时代。"我们既是时代的读者，又是时代的作者，普适记录、全面计算将为每一个人赋能，高能个体将推动文明的大发展。"

从涂子沛在《数文明》里的一个"记日记"助力成功的小桥段，说到互联网为基础设施的"大日记时代"。这是我读《数文明》这本书时众多启发中的一个小小感触。这本书纵横捭阖，穿梭于古今中外，游刃于文史哲、数理化、计算机、互联网、社会学、政治学、经济商务、公共管理等多个领域，生动活泼的例子信手拈来，诗词警句俯首可得，可读性非常强，在愉悦的文字阅读中时不时抛出富有启发性的"彩蛋"，让读者惊喜。

（原载《中华读书报》2019 年 3 月 6 日）

第四辑

孤独的孔子

孤独的孔子

说孔子孤独，真没想过。看刘震云的小说《一句顶一万句》，当看到私塾先生老汪解释"有朋自远方来，不亦乐乎"，是因为夫子身边没有说得上话的，理解他的心的人，所以盼着远方来的朋友可以明白他。书中老汪这样解释道：

孔子当时正伤心，如果身边有朋友，心里的话都说完了，远道来个人，不是添堵吗？恰恰是身边没有朋友，才会把这个远道来的人当朋友呢，这个远道来的人，是不是朋友，还两说着呢。

看到这个解释，真是新鲜，琢磨琢磨，还真有道理。不知道多少人处在人群之中，心灵是如此的孤独，不管他是圣人，还是贩夫走卒。这个千年孤独也正是《一句顶一万句》的主题，这是触及每个人心灵的杰作。

当然，这里说孔子孤独，还是小说家言。可是，我又从一个学者和20世纪中国少有的思想家费孝通那里读到了这种解释，而且时间上看，比刘震云的小说解释早了十几年。费孝通在1994年2月的一篇《人不知而不愠：缅怀史禄国老师》里，说他在清华大学读研究生的导师史禄国的孤独。费孝通这样说到孔子：

孔子说"人不知而不愠，不亦君子乎"，这句话紧接在"有朋自远方来，不亦乐乎"之后，不能不使我猜想他正是希望远方有个明白他的人能来见他。

假如刘震云的解释没有受到费孝通解释的影响，那么英雄所见略同的这个解释，让我们觉得孔子真是个孤独圣人了。

看来孤独真是千年话题，亘古不息，台湾美学家蒋勋专门出了本书《孤独六讲》。人为什么那么渴望找到"高山流水"的知音呢？为什么伯牙与钟子期的故事千古流传呢？关键就在于人是社会动物，总在寻找那个能够与自己共鸣的人，这个人了解自己，理解自己，如同另一个自我，可以得到自我存在的确证。费孝通说："人是社会的动物，最怕是没有人懂得自己，周围得不到自己所期待于别人的反应。在这种处境里连孔子都会兴叹'莫我知也夫？''知我者其天乎'。"

有人说为什么写作，就是因为孤独。如司马迁一样著书立说，藏诸名山，寻求后世的"知音"。我们写作，一个目的也是在排遣孤独，寻找远方的朋友，能够明白我们的朋友。所以费孝通这样说：

> 一个学者也是为了要社会上明白他所思考、所推敲的问题，所以竭尽心力表达自己的见解，即使四周得不到反应，他总是想著书立说，希望远方也许有人、身后也许有人会明白他的。

有个知音朋友，那是修来的福分。不久前读释真华法师的《参学琐记》，里边有一个情节，就很感动人。真华法师出家后曾被抓当兵，在台湾退役时，他的一个战友郭子衡送他。他是这样描述的：

> 他找了一片草地坐了下来，依依不舍地紧握着我的双手，晶莹的泪珠，从他虎虎有威的大眼睛里流了出来，很久很久，才慢吞吞地对我说："复宇兄！我离开家乡差不多有十年了，从来没有第二个像你这样了解我的人，现在你奉令退役了，本来我应为你的前途祝福，为你的未来高兴！可是一想到你一个人一旦走入陌生的社会，自谋生活的境况，我就很难过！希望你不管到什么地方，做什么工作，都请你来信告诉我，我虽然是一个老粗不会写信，但我也要比着葫芦画个瓢，当作给你的回信的！"说到这儿，他从口袋里掏出五张十元的新台币，说："这是我前天在竞赛赛跑时得到的奖金，放在身上也没有用，我知道你是没有钱的，给你零用吧！"说罢，钞票向我怀里一塞，拔腿就往回跑，生怕我追上去把钞票还给他似的！

这里的 50 元新台币相当于真华法师当时五个半月多的薪饷。重要的不在于钱多少，表达出的这种相知真情实在难得。真华法师是战友郭子衡的知音，是最了解他的人，他们之间才有这份真挚情感，令人动容！

本来了解一个人，理解一个人就不是容易的事情，按照佛家说法，那是需要前世的缘分的。可是在一个熟悉社会渐行渐远，行踪匆匆的消费社会姗姗来迟的时代，加之新网络社交媒体的发展，不再是《从前慢》的生活了，很少有人还能够那样去有时间和心思去了解理解一个人了。也许这种微信群的热闹和浅交，更凸显了人们的孤独。

一个朋友写了一段《致友人书》的现代诗，算不算是诗都另说。不过，其孤独与期待远方的朋友的神情已跃然纸上。兹抄录如下：

像是在读着情人的书信
那是你写的文字
嘴角含笑
想象你现在的样子

月光肆意地飘洒
夜风装满凉意冰丝
我，往哪里去
天涯何处可捕获你的影子

孤独已刻骨铭心
心事如大漠孤烟
无刀可断　从心到口
隔着重重大山
都积压在你不在的日子

是不是我们都是孤独的孔子；如孔子一样，期盼着某天从远方走来一位明白我们心灵的朋友?！

2015 年 5 月 14 日于美国星城家中

孔子是转型期的枢纽

《论语》是笔记总集

陈心想（以下简称"陈"）：许教授，您好！我想请教您一个问题，是关于《论语》的。《论语》的开头，也就是《学而》的第一段话，我不知道您是怎么理解的，因为我发现不同的学者有多种不同的解释。这句话就是：学而时习之，不亦说乎？有朋自远方来，不亦乐乎？人不知而不愠，不亦君子乎？

许倬云（以下简称"许"）：这句话哪里不懂，哪个地方搞不清？

陈：我是说，这句话作为《论语》的开篇，第一句话放在这里，它是这本书的总纲呢？还是说这句话放在这个位置有什么特别的考虑？他这句话是孔夫子对事物的主观体验，他这个主观体验到底是要告诉别人什么呢？这句话有什么背景吗？想传达一个什么样的思想？

许：我的理解：《论语》不是论文集，而是孔门弟子笔记的总集。这本书是孔子死后，子贡主持，弟子们共同编写的。当时孔子的一些学生，例如子路、颜渊，就已经亡故。曾点，也就是曾子的爸爸也记的很少。子张、子夏提供的笔记，似乎最多。同学们挑选，讨论，整理为论语的章节。所以，次序也不一定按时间先后，可能约略根据主题分类。却未必有"起、承、转、合"的记录。《论语》和《孟子》的结构不同，与《荀子》更不一样。《孟子》的每一章节都是一段论述。《荀子》的章节，更是完整的论文。所以，我们不能认为《论语》都是他谈话的完整笔录。弟子们各别记录时，手边也未必有很好的记载文具；例如，临时找不到简牍，就写在衣襟（绅）上。于是，记录并不一定完整，或简或全，很难一字一句记下当时的讲话。章节之间，更未必有逻辑性的次序。

陈：我记得钱穆先生对《论语》的注解里面，对这句话有一个说法，《论语》第一句话是孔夫子一生三个阶段人生体会的总结，"学而时习之，不亦说乎"是他早年学习的体会；"有朋自远方来，不亦乐乎？"是说中年有朋友有学者来切磋学问的事情；"人不知而不愠，不亦君子乎？"是老年的事情，老年的时候可以达到"从心所欲而不逾矩"。这是对人生三个阶段的一个感慨，一个总结。

许：这也是一种解释。每个人读时，都有自己的理解。许多并不连贯的陈述，还是应有其中心思想，孔子自己交代的中心思想是"吾道一以贯之"。

陈：孔夫子这个"吾道一以贯之"是中心思想，那么他这个"道"是什么呢？

许：仁。

陈：仁。

许："仁义"的"仁"，"忠、恕"。

陈："忠恕之道"。

许：你的问题，让我想到，陈立夫先生编排的《四书道贯》，章节之间，按照彼此的相关性，连贯为系统，对读者阅读，颇有帮助。《论语》是个别谈话的笔记。所以，读者个人怎么拼凑，怎么组织，都可以按照自己的理解，做适当的安排。《礼记》章节排列，也颇相似，章节安排，各从其类，散乱的合编成书，基本上，不是完整论文的文集。各部分之间，却仍无妨具有观念的一致性。

至于钱宾四先生讲的三个阶段呢，未必是孔子在少年时讲的一句话，中年时讲的一句话，老年时讲的一句话，而应当是孔子老年时讲的体会。体会三个阶段的过程。

孔子是转型期的枢纽

陈：我由此想到，理解《论语》要放到那个社会背景下。我想到了您的那本《中国古代社会史》（即《先秦社会史论》）。要理解《论语》就要放到那个历史背景下来理解孔子的话。

许：对，那是一个转型期。转型期的枢纽人物就是孔子，至少我们认为，在他以前，中国已经出现若干思想家，例如子产，陈述过若干意见，却由孔子担任了综合工作。对不对？

陈：对。

许：《左传》记载的人物，对于孔子的影响不小；他们讲了一言半语，会在孔子思想中，看到呼应。所以，他是一位整理出一系列整体贯穿的思想家。我认为：这一思想系统，就是以"仁"为中心，确立人与人之间关系的规范，人与人之间的相处之道，"仁"的哲学。从这一中心思想，分为内外："忠"是忠于自己，"恕"是对人忍让。"忠"是忠于自己的良心，"忠"就是"诚"。"恕"是将心比心，己所不欲，勿施于人。儒家思想，一言道尽，都在这三句话里头。

那一时代背景呢，就是"礼坏乐崩"的巨变：封君制度在崩溃，国家正在建立。人与人之间的关系，不再从封建的政治、经济的从属关系着眼，而是从人与人之间平等相待的观念为根本。国家正在成形，从城邦，逐渐扩大到天下。是在"修己以为人"逐步进展，到安民，安百姓；那最后阶段是百姓，也就是安天下万民，甚至圣王都没有做到的境界。

高贵理想的人格

陈：刚才您讲到孔夫子的人与人平等的思想。但是他分的"君子"和"小人"，是从社会地位上来分类的呢，还是从品德上？我们现在好像说"君子""小人"是从品德上说的。当时是不是一种社会地位？

许：对，这一个转化，也是一番提升。在封建社会，"君子"的定义是社会地位，亦即社会的精英。孔子思想体系中的"君子"，则以人物的品格为定义，提升了，也扩大了这一人格的内在标准。君子，这个名词，如同英文"gentleman①"，原来字根是古代城邦中，统治阶层一分子的身份，但是后来，"君子"则是"人"的理想品格了。

陈：本来是社会地位上的一种比较受大家崇敬的一个模范。

许：对。可是，我们也必须理解，"君子"的品格，可以经由学习培训，达到的特性和水平。这一品格，其养成过程，就是"教育"，内在的自我修为，外来的彼此激励。那个机缘，则是益友之间的互相影响。所以君

---

① gentleman 是指"绅士"或者我们所说的"君子"。

子不是天生的，君子是经过培养的。

陈：是培养出来的，后天培养出来的。

许：培养，不是靠学位，也不是靠知识水平；培养，是靠"用心"。所以"gentleman"这个字已经离开了社会地位。英文"gentleman"，字根是指古希腊城邦"gen"。"gen"，族群。雅典有十大族，他们的贵族。苏格拉底希望人能具备高贵的气质。东、西两圣者，都盼望"高贵"不在人的地位，不在钱财，而是具备高贵的品格。

孔子和苏格拉底：不同的学圈和生活背景

陈：苏格拉底和孔子他们两个在这方面是相同的，但论述方式还是差异很大的。苏格拉底比较讲究逻辑。

许：苏格拉底的论述，大概在比较正式的场合，弟子已经准备记录他的议论。他的每次对话都是头绪清楚的论述，一路 argument①，可以组合为篇章。孔子和弟子的谈话，却似乎是随机的对话。

陈：对，孔子都是一个小情景，有了感悟说一句话。

许：他讲的最长的就是"各言尔志"那一章，本来是春游，同行者有子路、公西华、冉有、曾皙等人。孔子提问提问他们的志向，每人回话，孔子评论，然后潇洒地回程：那一段是最长的讨论了。可是终究还是即兴的问答。

陈：苏格拉底是有准备的，像您所说的，孔夫子则是即席的。

许：苏格拉底开讲的场合，是 academy②。

陈：哦，他是要上讲堂的。孔夫子当时没有类似的讲堂。

许：对，苏格拉底和弟子的谈话，并不像是随机的。可是 academy 也不是今天的学院，而是一个地点，在那里大家讨论。所以，你看他每篇文章，听众不止一个。

陈：对，对。

许：提问的人不止一个。

陈：是呀。哈哈，这也是一个很有意思的差别呀。孔子当年也和弟子

---

① argument 这里指论辩。

② academy 指从事学术的地方，像美国科学院或者中小学取名都可以是 academy。

们一起坐而论道，为什么没有形成这种有逻辑的长篇论辩呢？

许：因为这不是他的职业，他是鲁国的下大夫，职务大概是"相"，不是宰相的相，是主持礼仪的"相"，相当于今天会程上的"司仪"。他曾经代理过"司寇"，也不是朝廷中的"大司寇"。当时鲁国季氏专国政，季氏的家臣阳货又掌握实权，所谓"陪臣执国命"。孔子的政治地位其实并不很高。

他是下大夫，是有俸禄的政府官员。苏格拉底是雅典的公民，犹如今天北欧的国家的公民，也有基本生活费。

陈：是吗？

许：雅典公民，虽有基本生活费，可是苏格拉底收入终究不多，他的学生要交学费的。

陈：苏格拉底的学生要交学费的。

许：也不是规定的学费，也就是学生给他一些贴补，孔子时代称为"束脩"。苏格拉底似乎相当穷困，临死还有一些未了的债务。

陈：是吗？苏格拉底靠那个公民福利不够生活的，还要靠这个为营生。

许：对，他临死，还记挂欠了买鸡敬神的债务。

陈：后来孔子周游列国，他的生活费是不是列国的国君赠送的礼物？

许：孟子是如此。孔子好像没有，孔子弟子中有一位富人——子贡，似乎子贡常常供应孔子。

陈：嗯，子贡出的钱。

许：子贡不仅有钱，他是国际商人。子贡能在各处办外交，不是鲁国派他做外交官，是因为他各国都有熟人认识。孔子死后，都是子贡料理后事；而且，子贡守墓六年，召集同学，由他主持编成《论语》。子贡在孔子身边，功劳不小。

陈：后来《论语》的编纂也是子贡做的。

许：子贡有钱，能办事嘛。

陈：就是说，孔子活着的时候，是没有《论语》的。

许：孔子自己只有一部车子。颜渊死了，颜渊的父亲请求孔子帮忙，甚至建议卖车。孔子说，我作为下大夫，不能没有车子代步。

陈：这样看，孔夫子和苏格拉底的生活背景、生活水平还是很不一样的。

许：对。孔门弟子，似乎颇多邻里乡党，亲戚故旧，都是熟人呢。曾子父子两代都是他的学生。对不对？你看，子路，季家的人，好几个都是他的学生。颜渊是孔子母亲家人。来自远方者，仅有言偃（子游），吴人，和公孙龙（子石），楚人。其他大多是鲁人，或者附近陈、卫、宋等处人士。

陈：哦，颜渊是他表弟。

许：对，孔子的父亲是一位著名的勇士，五十来岁和一位十八九岁的颜姓少女结合，生下了孔子。颜渊就是颜家的人呢。是他妈妈家的人。所以，颜渊的爸爸可以问孔子请求支援。他们是亲戚。颜渊家贫，日常饮食，只能喝水，吃点小米粥。

陈：那当时颜渊他为什么不出来做点事情呢？

许：大概他的身体不好。而且，鲁国当时是封君制度转变最慢、最晚的国家。一般身在贵族底层的"士"，收入不多，出路也少，日子不好过。

陈：他们那个国家社会转型比较晚，比较慢，所以……

许：对，对。所以要问"周礼"，周文化的旧传统，鲁国和卫国是资料最多的地方；因为鲁、卫转变慢。齐国转变最早，也相当彻底。

陈：所以孔子才有机会对周礼那么了解。不然的话……

许：对对。

陈：这样说，苏格拉底和他的弟子们，以及孔子和他的弟子们，两个学术小圈子，性质很不一样。

许：很不一样。

陈：就是苏格拉底随时面临的谈话对象，可能是来自雅典以外，他的圈子比较松散。

许：对。我们也必须理解，当时的雅典，乃是古希腊城邦中的首善之都，人文荟萃，各处人士颇多。

陈：孔夫子的圈子比较紧密。

许：密集。在早年的时候，没有出去旅行之前，他基本上就是守在鲁国。他周游列国，大概就在河南东面、山东西面，淮水流域和黄河流域。

陈：没去过咸阳，最远到洛阳。

许：咸阳是秦国了。《孔子家语》你不能相信它。《孔子家语》至少四五百年以后才写出来的。《孔子家语》里面最早的部分，也要晚于他100年。

陈：哦，这样，最早的也晚于他100年。就是说，他的活动范围，他的弟子们就是一个很熟悉的小圈子。

许：对，大概在，鲁、卫、陈、蔡、宋、齐、楚。就是这个圈子。而且，在周游列国时，孔子似乎也没有机会与当地重要人物有所交流。

陈：那苏格拉底他的雅典城邦也不大呀。

许：那不一样呀。鲁国是春秋时代的二等国家，雅典却是泛希腊文化世界中最大、最强、最富的地方。

陈：就是说，苏格拉底的学生没有像孔子和弟子那样的熟悉关系，所以学生提问题不客气。而孔子的弟子不挑战老师的逻辑，所以没有那么强的辩论。

许：不是，不能这么说。他们两大贤人语录格式不同，大约与语言结构有关。印欧语言是一种 argument（讨论）的语言。中国的语言是一种宣示的语言。英文句法和中文句法不一样。只要你理解英文句法和中文句法的差异你就知道了。因为西方句法是连缀的，中国句法是排列的。我举个例子，以诗为例，中国诗，一首诗，可能只一个动词，甚至没有动词，让读者自己串起来。西方诗句却总是有动词。

陈：哦，这个还没有注意到。中国的诗好多是几个名词放在一起就是一个意境很美的图像，像"小桥流水人家"这样的。

许：对对。

陈：谢谢许教授。今天学习了好多原来不知道的知识。

许：别客气。坦白说，大陆的教育制度，不怎么注意中国文化的基本功，注重的是技术，不注重基础。这是不够的。所以各位要自己补基础呀，只有自己花功夫，努力补强。

陈：我已经拜读过您的《中国古代社会史》英文版，我想再复习一下，看看《论语》的背景，结合当时的社会经济、政治和文化来理解《论语》。到时候有问题再向您请教。

许：好的。随时欢迎讨论。

陈：好的，谢谢许教授，再见！

许：好，再见！

（本文为 2017 年 3 月 4 日上午于美国星城家中通过
SKYPE 聊天记录整理而成）

（原载《教师月刊》2017 年第 4 期）

致乡土：深情的致敬与珍惜的告别

何江，出生于1988年正月初一的"80后"，一步步从湖南农村走出来，走到城市，走到美国，走到哈佛大学和麻省理工学院，成为科学界一颗冉冉升起的明亮的新星。他不仅是登上哈佛大学毕业典礼演讲台的首位华人，而且29岁时入选《福布斯》杂志评出的30位30岁以下医疗健康领域青年才俊。但《走出自己的天空》这本书不是回忆总结他的"学霸"秘籍和"成功宝典"的成功学作品，而是一本类乎管理学大师彼得·德鲁克的《旁观者》的著作，以饱满但又克制的情感和细腻笔触，在娓娓道来的故事中，表达了自己对家乡的乡愁和爱，对人生和社会的洞察和思考，以及对中国走出乡土的宏大社会转型的一种致敬。哈佛大学教授、美国著名诗人Kevin McGrath 称，这本书"甚至能成为这一题材的经典读物"。

在读这本书的过程中，我多次不得不停下来掩卷深思。因为他描写的他的家乡湖南宁乡县一个小山村——停钟村的故事，我联想起了我的家乡豫东农村发生的故事，两地的人物和故事的异同，丰富和深化了我对中国走出乡土的社会转型的认识。2017年上半年，我出版了《走出乡土：对话费孝通〈乡土中国〉》，从宏观的角度以跨时空的方式与费孝通先生近70年前出版的《乡土中国》进行对话，分析我们的社会在变革中与传统的乡土社会相比较的变与不变。何江这本《走出自己的天空》则以类似人类学的民族志和文学相结合的方式，对一个具体乡村里的人物和事件进行具体而微的描述。两个"走出"，一样情怀！读这本书我倍感亲切，也受益匪浅。

何江这本书的写作缘起就是一个很富有启发意义的传奇故事。那是他刚入哈佛念书不久，在校园闲逛时偶然发现历史系的尼尔·弗格森教授将在校园里做一场关于经济全球化的讲座。何江早在上大学时就读过弗格森所撰写的《大英帝国史》，到美国后还翻阅过其《货币崛起》一书，所以何江对弗格森早有印象。弗格森教授是西方史学界极负盛名的大家之一，曾被《时代》杂志评为 2004 年影响世界的百人之一。作为从事生物科学研究的何江，对弗格森的著作的阅读和关注，就很难得。这一点就已使何江在人文修养和眼界见识上远远超出许多理科和工科类学生。

抱着了解不同领域信息的心态进入讲座现场，何江未料到弗格森教授在讲座中多次提到中国近几十年来在经济上的崛起，"他所列举的不少例子更是让我好奇"。于是讲座后，何江便鼓起勇气，与弗格森聊起了中国，尤其是中国农村在近 30 年来的发展和变化。何江谈到的一件事情引起了弗格森教授的注意，即在 2008 年前后，中国为了刺激经济发展，不少民办企业下农村，农民可以在家工作赚钱。专攻经济史学的弗格森教授注意到了这个细节。"在这个细节里隐约看到了欧洲工业革命时期传统农业社会转型的故事在中国重演。"弗格森邀何江去他的办公室细聊。后来，在聊天的时候，"待我讲完，他笑着对我说，我从一个传统的村落出生，进入城镇，接着进入中国的城市，再后来来到西方高科技的中心，这一路，好像完成了一次快进版的工业革命"。

于是，弗格森教授问何江："这段经历很独特，可能没有多少人能够拥有，你就不想把它写成一本书吗？"当何江觉得他成长的一些片段支离破碎，没有多少人感兴趣时，弗格森说："不，不，就是这些简简单单的小事情。你应该把它们记下来，像那些口述历史的人一般。不少人都想从这些故事里了解中国乡村的真实状况呢，你真该考虑写写，会有很多人愿意读的。"

这就是何江写这本书的缘起，也是一段年轻的生物科学家和资深历史学家之间的传奇。历经五年，何江完成了这本书稿。而这"五年里，发生了很多事情，家、村庄、城镇，都在以一种前所未有的速度往前发展。每次从美国回国，我都会对曾经熟悉的地方产生一种莫名的陌生感"。何江的感触，令我产生深深的共鸣。2014 年我去国 8 年后回国，自己居住生活了十几年的村庄，都几乎不敢认了。

中国这几十年的社会变迁太迅速了，我在《走出乡土》里称其为"穿越式社会转型"，以二三十年的时间从传统农业社会经过了工业社会到达了信息社会。何江的经历几乎可以说是中国这些年经历的缩影，或者一个隐喻。

所以，何江把这本书的定位上升到一个超越的境界，没有像有些人建议的，把自己的经历写成"我的成功可以复制"那样的"励志类"读物。正如他说："在开始构思写作后，我总感觉到这样一个励志故事或许太过单薄，甚至不能反映我的个人经历背后那更大的社会背景。要真正了解一个人的成长，了解一个人如何在逆境中坚持自己的信念，走出属于自己的天空，需要更细致入微地探寻他成长背后的故事，他所在的家庭、社会给他带来的潜移默化的影响——这便要求当事人更加敞开心扉，来分享那些在一般的成长故事里不常出现的细节。"所以，他说："这本书，于我而言，承载了更多的意义。"

这样，这本书十章内容，将农村生活的不同侧面连接拼合在一起，组成了农村生活的一幅全景图。打鱼人、渔网结网者、捕蛇者、养鸭人、铁匠、豆腐匠、巫医以及村里的老人和孩子等身边人的生活和故事，让读者可以"感受到一个更加立体的、具体的乡村孩子的内心世界"。

在读这本书的时候，我惊异于何江作为未经写作专业训练的生物科学研究者，竟然有着如此娴熟的语言驾驭能力，文学素养如此之高，其文字非常耐读，清新亮丽，饱含情感而又克制有度。难怪弗格森教授在推荐语里评说何江"作为训练有素的年轻科学家和一个很有才华和技巧的作家，他那些娓娓道来的故事和隐藏在文章里的情感有时让我想起了俄国作家契诃夫年轻时的笔触"。

何江描写他赴美离家之际，一家人送他在车站的一幕，我看后心情久久不能平静。他对乡村里母子之间表达爱的描写让人情不自禁掉泪。他的母亲不顾自己下到水渠里去摘何江最爱吃的菱角，司机已经不耐烦地按喇叭了。何江这样描写道："我满眼泪水地站在车旁，看着还在水渠中笑着的母亲。我想告诉母亲自己有多么爱她，可是，乡里孩子很少会用'爱'这个字，即便是母子之间。我不知道该和母亲说些什么，捡起菱角，在裤脚上擦掉了沾在菱角上的泥巴，用牙齿咬掉了硬壳，把菱角掰成了两半，跑到母亲身边，递了一半给她。母亲站在水里接过去咬了一口，我站在岸上咬着带汁的另一半菱角。"这是第二章"一万个渔网结"写母亲的一章的结束。画面唯美，隐藏着饱满的深情，两半菱角把母子情做了非常诗意的表达。

在何江描写的故事中，他一次又一次地以不同方式表达了对土地和劳动的质朴情感。这也与何江的父亲对孩子的教育密不可分。"乡下人家一年的收成都在土地里，不种田，家中的谷仓就会空空如也。为了让儿子明白这个简单的道理，父亲常常要求我们兄弟俩一起分担田间重活。"他父亲认为，这种田间劳动可以培养好的品质和对劳动的正确态度。对土地的情感，"父亲常说，对待水田就得像对待自己的命一般细致耐心"。正如费孝通在《乡土中国》里所说："靠种地谋生的人才明白泥土的可贵。"而在"乌江边的故事"一章里，何江讲到他们村子里良田被破坏的事情。因为河沙可卖钱，乌江河沙被挖空，之后商人就打江边水田地下当年淤积的沙子的主意。"老河里老一辈人辛辛苦苦填出的田地，老人们不愿意看到田地被糟蹋，于是大家一起守在老河里，对抗那些外来的淘沙商人。可是，老人的苦心并不被村里的后辈们所理解。年轻人觉得老人们死守着没用的田产，思想一点儿也不开化。他们更希望通过卖田卖地获得现金……很快，阻拦的声音消失了，村民分到了钱，没有了地，又继续外出打工……老河里的田被毁了不少，可是再也没有人把沙子填回去，重整成水田了。"这类现象在我的家乡和其他不少地方也发生过或正在发生着。老一辈人对土地的情感，年轻一代已经失去了。"物不天来，必由地出。"急功近利的浮躁时代，乡土社会里人们的那份对土地的情感和对劳动的质朴态度似乎在悄悄消逝。

"我的父亲常会叹着气告诉我说，我和弟弟这一辈，可能是村里最后一代经历过传统农业生活的人了，现在村里的小孩连秧苗是怎么插的都已经忘记了。我笑着反问父亲：'您难道还希望我们的后代继续过那种穷苦生活吗？'"何江这一问，情感也是很复杂的。他说："我们这一代处在城市和农村中间的一群人，慢慢地忘记了过去的生活，却又未曾真正融入当下。在这传统的乡村生活即将消失的时代，我常会不知所措，心里想把它留住，可细细一想，又会告诉自己它是该消逝的。于是，我唯一能做的，便是用文字把曾经的那些记忆记录下来。"

合上这本何江倾心撰写的乡村回忆录，我想起了路遥的话："但是，不要忘记，在这一巨大的历史进程中，我们也将付出巨大的代价，其中就包含着我们将不得不抛弃许多我们曾珍视的东西……那么，当历史要求我们拔腿走向新生活的彼岸时，我们对生活的'老土地'是珍惜地告别还是无情地斩断？"

何江的这本书似乎是一次向曾经的传统乡土生活的深情的致敬和珍惜的告别！告别过去，迎接未来。故此，我们也期待着何江的下一本书，向我们讲述作为科学界的翘楚，他在美国高科技中心的生活和科研的精彩故事。

瓜甜火热

——致我渐行渐远的乡村童年和童年的伙伴！

一

夏日的早晨，太阳总是很勤快。那天，我起来时，太阳还在酣睡。

轻轻打开院门，门外是晓印，我们同时说出："你起这么早?!"

"天还没亮，我们不是吃了早饭去吗？怎么来这么早？等多久了？"我有些关切又嗔怪地问。

"我睡不着，明天就走了，想来找你再多玩一会儿，所以就在门前等着。没想到，你也起这么早。"

"我们先去村后田野里，看日出吧。明天你走了，我们还怎么一起看日出。"

村子朦胧在夏日早晨的凉风里。天空一颗亮亮的星星在渐渐隐去。玉米苗长到了小腿高，闪闪的有露珠在晃动。偶尔有只受惊的知了尖叫几声。东方远山深处亮光越来越强。

"你怎么说走就走了，这么着急？"

"我爹也没有提前给我来信，忽然他就从新疆到了，说回去的票来的时候就买好了，我和他一起回去。回去到新家，我要到一个中学读一年级。正好我在这里小学毕业了，接着上。我家从北疆搬到了南疆，也不知道是什么样的新家。不过这都是因为我。"

太阳慢慢露出了半边脸，红红的。我看到晓印的脸也被晨光映得发红。

"晓印，不能这么说，也不能怨你，搬家到个新地方，重新开始，是你爹娘爱你。而你很理解他们，也承担了不少委屈，别难过了。"

我们都不再说话，就这样在田野间的小路上默默地走着，一不小心，伸展到路上的庄稼叶子，或者野草上的露珠就打湿了凉鞋，脚上也湿湿的，凉丝丝的。

我们默默地走着。

"看——太阳出来了。"我说。

晓印抬起头望着太阳的方向。忧郁的眼神里露出一丝淡淡的微笑。

"还记得你刚来的时候，带的新疆大核桃，你偷偷地拉着我，找到一个没人的地方，用石头边砸边吃。那是我第一次吃核桃，真好吃。哈，好像才没过几天，一年过去了，你就要回去了。回到那有戈壁滩、沙漠、红柳和胡杨的地方，还可以弹起冬不拉，跳起篝火舞……"

我说着，仿佛陷入对未去过的远方的一种幻境。说不上是安慰晓印，还是自己真的在梦想着远方。

"我们每天看到的都是一个太阳，不管我们在天涯还是海角，在一起还是远隔万里。你说是吗，亨元？"

"是的!"我重重地肯定地答道。

"小飞今天也会来的，不过他有个亲戚在县城有事，他必须跟他爹今天去。所以，我们照相后他就得走了，不能多待一会儿了。"

"我会想念小飞的，是你告诉他的吧。我也犹豫是否告诉他。还有其他几个同学。害怕到一起离别太伤心，就只告诉了你。我会怀念我们在一起的点点滴滴的。"

"我只是正好碰见小飞，告诉他的。现在放假，也没有见到其他同学。不过，他们知道了是会伤心的。你下次来，新疆这么远，不知道会是什么时候。我们都会想你的。我也担心，我们几个还可以一起玩，你一个人在那么远的地方，更孤单。不过，我相信，那里也会有小飞我们这些好朋友的。"

我知道晓印听了这最后一句话会有一些不安。我也不知道该如何安慰他。我知道他曾经的伤害。

二

大约一年前。

记得晓印刚来的时候，就有小孩子嚷嚷着让他唱歌，说他会唱新疆儿歌。那时候，我们学校没有音乐课，也没有美术课。记得就小学一年级老师教过一首《浏阳河》，校长给全校学生教过一首《学习雷锋好榜样》。

我很好奇，晓印真的会唱很多歌。在开学前，我带着他去学校转转，看看他的新校是什么样子。村头前后两排房子，砖瓦房，后面一排从东到西分别是三年级、一年级和四年级，前排是二年级和五年级，办公室在中间。因为一年级人最多，中间是大屋子，教师办公室也是大屋子。前排教室前，竖着一根三四米高的木柱子，上面挂着铁铃，系着一根麻绳。上下课和预备铃，由负责的老师去打铃。教室前面的空地就是操场，因为没有体育课，也无所谓操场，课前课后学生玩耍的地方罢了。没有围墙，空地上没有任何花草树木，倒是很利索。

"这就是我们学校，与你们那里的学校一样吗？"

"我们是土墙和新疆大土砖房子，有个篮球场和沙坑，校园里有一些红柳树，有花坛但不常有花……"他说着，回忆着。

我想，晓印大概不是很满意我们的学校的，他那学校有的好多东西我都没有听说过，更没有见过了。

在回来的路上我悄悄地问，"晓印，我，我，我想问你，问你……你真的可以唱很多歌吗？"

他有点不好意思，略带惊讶地缓缓地说，"我们那里学生都会唱歌，老师教的，你们老师教什么歌？"

我如实说，两首，《浏阳河》和《学习雷锋好榜样》。我们这所学校没有音乐课。

"你会唱新疆儿歌？"

"会几首。"

"能唱一个我听听吗？"

"唱哪首呢？就唱《哈密瓜熟了》吧。"

他压低了声音，生怕别人听到了，有些不好意思地唱《哈密瓜熟了》。渐渐地自然起来，不时出现"亚克西"三个字。

我问"亚克西"什么意思。他说是维吾尔语中的"很好，很棒"的意思，同时伸出大拇哥。

歌声虽然较低，但旋律和调子是很迷人的，晓印唱得很投入，我也陶醉其中。

音乐原来这么美！

我觉得晓印太了不起了。

这让我想起了几年前村里来的三门峡的小女孩，暑假里住过一段时间。她是大家心目中的小天使。那时我才刚刚记事儿。一群孩子围绕着她，她走到哪里，我们跟到哪里。听她唱歌，看她跳舞，还跟她学唱歌。她在幼儿园学的。

我们这些孩子觉得幼儿园就是天堂，很美好的地方，却从未见过。

我至今还记得跟她学习的一首儿歌："大苹果，圆又圆，阿姨带我上公园。我不哭，我不闹，阿姨说我是好宝宝。"

外面来的孩子就是跟我们不一样！

那时村庄没有电视，没有电。

三

开学了。对于一个外面新来的同学，这里是新鲜的；同样，对于这个班级的同学，来了一个边疆同学，也都觉得很新鲜。这个学校很小，一个年级就一个班，一年级有四五十人，五年级才 25 个学生。总共六七个老师，只有一个正式教师，"中师"毕业的，吃公家粮。

我知道晓印会唱歌，大家也很好奇这个新同学。在开学第一天，晓印面对大家做了自我介绍。老师说，让大家多关心新同学。我趁机说，晓印会唱新疆歌，大家欢迎他现在给大家唱一个。就唱《哈密瓜熟了》。

这一下子，课堂可活起来了，由小飞带头大喊，"来一个"，其他同学小开等人紧接着大声附和，"唱一个新疆歌"。

晓印羞怯地看了一眼老师。老师笑了，鼓励他为大家唱一个。

他清唱了《哈密瓜熟了》。

"秋风吹到天山下，绿洲披上金彩霞，姑娘们唱起丰收歌，小伙子弹呀弹起冬不拉。"

班级里一片掌声，有同学大叫起来。老师示意，先把歌听完再鼓掌。

"你看那遍地的哈密瓜，瓜香万里传天涯。你看姑娘的花帽下，一张笑脸一朵花。又甜又香的哈密瓜，又圆又大的哈密瓜，亚克西。"

我禁不住"亚克西"。

……

等第二段唱一半的时候，教室门外窗外都满满地往里挤着学生，还有老师。

歌曲进入尾声。"哎！又甜又香的哈密瓜，又圆又大的哈密瓜，嘿亚克西，亚克西，咱们的哈密瓜。"

一首歌唱完了，教室内外，一片掌声和欢呼声。然后一片寂静。晓印脸红了，不好意思地朝大家鞠了个躬。

不知是谁一声大喊，"再来一个"。

晓印不得不又唱了一首《小骆驼的歌唱》。

就这样，如同过节一样，把开学的气氛烘托得如此火热。这是这所小学从来未有的盛况。

下来后，我对晓印竖起大拇指，"亚克西！"同时手里捏出一把汗。

他略微不好意思地笑笑："谢谢你的鼓励！不然，我可能唱不了。"

后来晓印成了班级里的音乐小老师，不定期给大家教儿歌，还到其他班级里教。他成了一个小明星，让我都不禁羡慕嫉妒不已。这个学校，没有钢琴，没有风琴，什么音乐器材都没有，没有伴奏，就是清唱。他到底会唱多少歌，我到底也没能知道。

但我知道他会新疆民族舞。我那时还不懂，只是觉得很美，很有活力。而我，再怎么学也终究没有学会。没有那个柔和那个力。

从此，班里哪个女孩戴个花帽子，男孩子便会唱起"你看姑娘的花帽下，一张笑脸一朵花。哎又甜又香的哈密瓜，又圆又大的哈密瓜，嘿亚克西，亚克西"。女孩子便佯装恼了，赶着男孩子追打起来，大家一片笑声。男孩子也会装作弹起"冬不拉"姿势，逗女孩子的乐。

四

晓印来了，与我同桌，读五年级，因为他正好读了四年级，来了开学五年级。他的亲戚知道我学习好，也是邻居，正好可以一起来去，托付让我多照顾晓印。我一见面就很喜欢这个新玩伴，而且知道他原来学习很好，他带来的课本与我的基本一样，但他的是彩色的插图，我的都是黑白的。有同学有蜡笔，给涂上颜色，我没有蜡笔，就自己铅笔乱涂，终究是没有彩色版的好看。所以，我很喜欢和他一起学习，看看他的彩色插图。他知道我喜欢看彩色插图，时不时我们就交换课本学习。

会唱歌的晓印，平时很文静，除了跟最好的几个朋友，一般不太爱说话。但是他回答老师问题却非常干脆清楚，这是我很佩服他的地方。还有他很细心。所以考试的时候，我总是因为马虎数学落在第二，不过语文我总是第一。这样，我们两个总分总是不是我第一就是他第一。

小飞与我是好朋友，他城里有亲戚，见过些市面。小飞因为见过世面，第一次见晓印时，两人很自然就熟悉了。见过世面的人总是知道没见到的更多，所以，他更喜欢听晓印讲遥远地方的故事。

小开、红旗还有小彪几个同学，爱玩，调皮，他们和小飞的关系比与我好。因为小飞对晓印的尊重和友好，这三个同学也开始接触晓印，听晓印讲遥远的地方发生的故事。

那遥远的地方，有戈壁滩，有沙漠，有湖水，有红柳，有胡杨，有坎土曼，坎土曼可以挖出坑窑，坑窑里可以住人。湖边有野鸭，晓印和他的伙伴们还捉过"灰色小天鹅"，他们喊这些小东西"丑小鸭"。

他那里还有蒙古包，还有牧场，草原上牛羊马成群，蓝天下的绿草；戈壁滩、沙漠，一望无垠。

除了哈密瓜，葡萄干，令人嘴馋的还有新疆烤羊肉……

女孩们也凑过来耳朵，不眨眼睛地听。

五

村后田野里有个不大的池塘，夏天孩子们还有一些大人下去游泳。池塘一边是浅水，我敢游；一边是深水，我不知道多深，不敢游。那时候我还不会游泳，总是在浅水区打"砰砰"。天然的池塘，水时多时少，不知道深浅的边界。

开学之前，暑假里天还很热，我和晓印刚认识几天，就和他与几个村里小孩子去游泳。孩子们惧怕水鬼，都是一伙人合一起去，不敢一个人去。

池塘边缘向外绵延几十米远都是芦苇和香蒲，细长的叶子，用手一摸会有涩涩的感觉，一不小心叶缘会如利剑一样在手上划出一道口子。夏风吹过，沙沙有声，如同谁的低语。夏天蒲棒可以用来熏蚊子。偶尔水里还会看到小鱼，自由自在地游来游去。人一来了，它们就藏到了芦苇和香蒲丛里。

那时候孩子们好像都比较野性，不知害羞，脱掉衣服，一丝不挂就下到水里。水也比较干净，没有被农药和垃圾污染。

我不会凫水，在浅水区，晓印会凫水，与其他孩子去了深水区。看他们在深水区游，很是羡慕，就慢慢一点一点试着朝深水区走。忽然，我掉进了一个深不见底的地方，一下子失去了对自己的控制。于是狠命往上蹿，整个大脑停止了思考，喊不出话，就是本能地挣扎着，不知窜动几下的时候，一只手把我拉住，拉我上了浅水区。惊魂未定的我，用手摸了一把脸上的水，狠劲地吐口里的水，听见晓印的声音："没事吧，亨元，亨元，没事吧。"我说"没事"，还在把喝进去的水朝外吐着。我慢慢安静了下来，才想起来说"谢谢晓印！"晓印说："没事就好，我们上岸吧，你歇息一下。"

到了岸上，穿上衣服。我们坐在一棵树下。我说："晓印，多亏了你，不然……"

"你怎么发现我了呢？"我问。

"我知道你不会游泳，可是看你还是想到深水区来，我就害怕，就距离你比较近，不停地看看你，随时可以……有一次我把头埋到水里，游了会儿钻出来看不到你了，看到好像有个人在挣扎，糟了，马上游过去，拉上来果然是你。吓死我了。"他说。

这是我第一次知道他是一个这样细心的好伙伴。他让我死里逃生。

我说："晓印，我不知道该怎么感谢你。你就是我最好的朋友吧！"

晓印脸上似乎有一丝忧郁掠过，马上很高兴地说："我一见了你，就觉得我们会是最好的朋友。"

六

太阳渐高，田里开始不断有人来给玉米施肥了。

"我们回家吃了饭一起去，你就在我家吃饭吧。"

回到我家，晓印爹在抽着烟与我父母聊天。他中等个头，圆脸庞，消瘦，眼睛颇大略有深眼窝，头发有些花白，皱纹一道道在额头上很醒目，看上去四五十岁，其实才三十多岁。

"大叔，晓印就在我家吃饭了，饭后我们好一起去照相，还有小飞同学直接去照相馆。"

我母亲也这么说："他大叔一起都在这儿吃饭吧。孩子们吃了饭去照相，留个纪念。晓印和亨元几个孩子玩得可好了，一块儿学习，写作业，看见大人忙，还会帮手干活，要是不走，就在我们家，我收下认个干儿子吧。"

晓印爹憨憨一笑："好的，就是他走了，也会想念你们的。难得有你们照看，在这里这样好。给你们添麻烦了。他给我说过，不想回新疆了。可是这里也不是长事。两地离得太远了。也没有电话，联系也很不方便。他娘想他，饭都吃不下，他妹妹整天问哥哥什么时候回来。"

一听到说他娘想他，妹妹想他，晓印哭了。

我知道晓印留恋这里，但他也想娘和妹妹了。

"娘，我们吃饭吧。照了相片，晓印还得准备一下明天的行程呢。他要走好远好远的路呢。"

七

街上只有一家照相馆，要走几里路去。路过村头，又看到了留下记忆的桑树。

村里有不少桑树，可只有村头那两棵是孩子们的最爱，有桑葚的时候爬上去摘了吃。其实不是为了吃桑葚，就是爬树好玩。两棵树粗细合适。没事的时候，孩子们总是喜欢爬上去玩，从这一棵树爬到另一棵树上，中间枝子很细，但有韧性，交叉连接在一起。我以前只是看别的孩子这样从一棵树爬到另一棵树，自己从来不敢爬过去，因为朝下一看，很害怕掉下去。而这从一棵树爬到另一棵树，正是孩子们喜欢在这里玩的秘密。

那次我和晓印也去爬那两棵树。晓印看别人过去了，也爬过去了，我觉得不可置信，这么文静的孩子都爬过去了，我就不行吗？可是试了试，还是退了回来。

"抓住树枝，别朝下看。"晓印对我说。

其实，我在心里一直暗暗和晓印比试的。我俩学习成绩，就是不相上下，总是在班里第一、第二，无人可以超过。以前在学习上从来没有对手，所以，我也不给其他同学较劲比什么。

这次来了个晓印，他实在是学习高手。

我暗自憋着一口气，小心翼翼，把眼光注视在手下的树枝，一点一点地移动着。一只手抓住了另一棵树伸过来的最近、最方便的树枝，等晃动静下来，两只手都抓在那个树枝上，然后，一用力，脚踏上了一个三角枝杈处。枝子震颤几下，我终于跃到另一棵树上了。

"没事吧?!"晓印问我。

我四下看看，平静一下心神。"没事!"既高兴，又后怕，尤其是看到下面，那么高。不过，还是装作若无其事。

谢谢晓印，我终于迈出了那一步。在许多小孩子看来太平常的事情，于我是需要多大的勇气，迈出这一步是我自己挑战自我的一次成功。

"晓印，还记得我们在这里爬树吗？那是我第一次从一棵树攀到另一棵树。如果不是你，大概我永远也不会迈出那一步了。"

八

穿过十字大街，也就是御子口，向南再走过一段窄窄的街道，就看到了一个写有"朝阳照相"牌子的店铺。外面是卖小吃食品的。窄小的门，进去灯光较暗。老板说，相机坏了，在修。可能要等大约两个小时。

我和晓印就先出来，到街上蹓蹓。刚出门就遇到三个同学，小开、红旗和小彪。他们都满头大汗，看得出来是急匆匆赶过来的。

"晓印、亨元，我们一听说晓印要回去了，就合在一起去找他。到了才知道你们来照相了。马上我们就赶来了。你们照过了吗？小飞说他随后就来，让我们等他到了一起合影。"

"谢谢你们！我本来怕暑假里大家不好找，就没有告知大家。"晓印有些激动，还有些不安。我觉得有些意外，还有点尴尬。

"这是我们三个给晓印的纪念品，一本笔记本，一支英雄钢笔。祝愿你回去后学习更好，玩得更开心！"说着，小开把一个小包递给了晓印。晓印略一迟疑，接下了。打开笔记本，上面写着："赠晓印同学留念，祝你一路顺利、学习更好！同时，我们三个向你郑重道歉！对不起！你永远的朋友：小开、红旗、小彪"。

三个人的签名，还画了三张笑脸。

晓印的眼泪在眼眶里打着转，终于掉下了，大大的泪珠一滴又一滴。

"谢谢你们！都是过去的事了。我会永远记着你们的！"

晓印面向三个同学深深一鞠躬……

九

那是一个初夏的故事。

村里二均爷种了一片香瓜。第一茬就结了很多。村子里种了瓜果必须有人看着点，不然孩子们会偷吃的，甚至外村的成年人也会来"劫掠"。

那天，二均爷家里有事，没有顾得上。那天是星期天，上午快到中午的时候，小开、红旗和小彪三人瞅准了，就到瓜地里偷了几个瓜。

第二天，二均爷听说是学校的学生偷了他的瓜，就去找校长，教育学生以后不要去偷瓜，把瓜秧都弄坏了。如果想吃瓜，直接去，他来摘，一定挑最好的。

老师到各个班级通告了这件事。小开三人很着急，下课后到一起，问："是不是我们偷瓜被人看见了？""可是那天没见有人呀，哦，记起来了，我们走了不远，看见晓印在不远处走过。会不会是他看见我们了，去告密了。"于是他们误以为晓印看到了他们偷瓜，会给二均爷说，而后二均爷来学校找了老师。

三人中有人说，没有其他人看见，就晓印看见了，不如我们找班主任老师，就说我们看见了，是晓印。有人说，不妥吧，晓印好像不是那种人，他有事说都是明说，要么不说。那会是谁？

如果老师知道了是我们三个，又会找家长了，那样，可就糟了。不行，我们就这次就委屈下晓印吧……

合计的结果，三个人一起到班主任那里，一口咬定是晓印偷了二均爷的瓜。三人这样说亲自见了晓印偷瓜，让班主任老师半信半疑。不信吧，三个人都说看到了，信吧，这三个人似乎还有点不靠谱。他们三个学习都不好，属于老师不太关注的学生。

老师把晓印叫到办公室，问他偷瓜的事。他从来没有偷过别人的东西，一下子脸红得不行。当知道三个同学一起指他偷瓜的事，他只说了一句话："我没偷！"再也说不下去了，眼泪就下来了。

我知道发生事情了，就跑到办公室，了解了一下情况。我说："李老师，我百分之百保证，晓印没有偷瓜。"

……

中午回到家，我把这个事情给我娘说了，说这三个同学真不是东西，污蔑好人，可能是他们自己偷了瓜。

娘说："你说对了。我正好去咱地里看看。老远就看见小开他们三个在二均爷瓜地那里晃荡，手里都拿着瓜，在偷偷地溜走。他们没有看见我。我也看见了晓印，他来我家给他五婆取东西，一上午都在家帮着洗衣服呢。快晌午时去称点盐。我去找你老师去。"

下午我娘去了学校，找到老师，说了她的见闻，确认是小开三个人偷瓜，晓印是清白的。不过，我娘也与老师商量，有些事教育孩子知道错就好了，不必要一定揭开谜底。老师听了很生气，但也同意我娘的意见。他就把小开三人找来。没有说是我娘说的，只说有人看见是谁偷的瓜了。不是晓印，是三个孩子。

"知道自己做的事情不是好事，就是说，这个学生还知道什么是好，什么是坏，有个是非标准。但是，撒谎是非常不好的行为。你们回去好好想想，如果不是晓印偷瓜，你们看到的是谁。明天给我说说。"

第二天，三个人回老师话："如果不是晓印，不知道是谁。没看清！"

老师说："既然不是晓印，你们也没有看清，此事到此为止。以后，没有看清的事情，别乱说。会伤害了好人。不白之冤是非常令人痛苦的。"

自此后，小开三人与晓印就没有说过话。

晓印依然是同学们喜欢的朋友，他依然在大家的掌声和欢笑声里教大家唱歌，还私下教几个要好的朋友跳舞，我还学会了画最简单的简笔画。

十

一天回家的路上，晓印猛然停下来，看着我说："亨元，你那天那样坚定地保证不是我，你对我的信任，把我一下子拖出了冰窖，放在了暖暖的阳光下。"

我一愣神，马上想起来了。我说："哦，那天，那是当然！"

"你记得，今年流行一首歌吗？"

"费翔的《冬天里的一把火》。"我猜测到。

那年月，这歌借着春节晚会，流行到角角落落。

"你就是我冬天里的一把火！"

我们来到了水塘边，找块地儿坐下。风在树叶间轻轻吹过，有几声清脆的鸟声。晓印给我讲了他转学的原因，就是他爹被冤枉，到他的同学朋友们都离开了他，包括曾经最要好的朋友。

晓印是村里邻居的亲戚。多年前去的新疆，属于移民。那时，晓印还未出生。晓印四年级的时候，那个移民村里，一个老太太冬天某夜丢失了一袋面。晓印的父亲老实巴交，帮助那老太太一些忙，去过她家。晓印家比较穷，可是属于那种讨饭也不偷不拿的人家。人穷了容易被怀疑是贼。那个老太太就对外传言是晓印的爹偷的她的面，而且叙述得很真切，她看得真真地，还抓住了晓印爹的胳膊，但他挣脱逃走了。这样的消息，很快传遍了那个村庄。他们家人被人看成贼。看见一群人在议论什么，他的家人一到，就没有人说话了，皆是异样的目光，甚至还有人会说出"知人知面不知心，别看看上去老实，实际上，嘿……"

后来，有人给他家透露了原因。可是他们没有任何证据证明自己不是贼。这样的消息传到了晓印的小学里，他的同学、小朋友们都说晓印的爹是小偷，谁少了铅笔、橡皮好像都是晓印偷走了。连他最好的朋友都远离了他。

于是晓印的成绩一落千丈，从第一名变成了倒数。本来老师还对他挺好，即使不少同学偷偷告他黑状，老师也不大相信。随着黑状多起来，晓印成绩落下来，老师也对他越来越有成见。终于有一天，晓印告诉爹娘不想上学了，他父母才想办法送他回到内地，豫东平原他的亲戚家，来读书。

"你没有给你的朋友们解释过吗？"

"我尝试过，我说什么他们都不相信。甚至还没有说，他们就不听走了。"

"我最要好的朋友告诉我，如果他和我好下去，别人也会把他当成贼了。"

哦，是这样！我说，怎么这么巧，我也遇到过和你一样的事情。只不过，后来，那个老太太知道了真正的贼是谁，她自己把"冤枉好人的话收回去了"，没有造成多坏的影响。还算她有良心，我爹帮了她家那么多忙，还受了冤枉，她总算知道真相后没有昧着良心继续冤枉好人，尽管没有道歉。当然，我们两家也就不再有来往了。

"天下原来不止我家被冤枉过！"晓印长叹一声。

我们都沉默了。远处传来一声牛叫！天地一片沉寂，时光如同凝滞！

十一

相机修理好了。小飞也赶到了。晓印站中间，我在左侧，小开在右侧，后面一排是红旗、小彪和小飞。

没有空调的热天，照相馆里显得更热。大家依然紧紧挨着，拉紧了手。

师傅调好焦说，"朝这儿看，别眨眼，笑一笑，哎，好咪。"一声"好咪"长音以闪光和啪嗒声结束。

我看到晓印的微笑，含在眼眶里的泪珠，终于没有落下。

"晓印，亚克西！"我心中默念着。

2015 年 2 月于美国星城家中，4 月修改

（原载《中华读书报》2017 年 11 月）

第五辑

寻找文明的逻辑

寻找文明的逻辑

郑也夫先生新著《文明是副产品》，堪称继《代价论》《信任论》之后的"第三论"《文明论》，其基本风格与前二者类似，但这本文明论关注更宏大，为人类文明寻找逻辑。不管是外婚制的形成、农业的起源、文字的起源，还是造纸术的发明、雕版印刷、活字印刷技术的出现，背后的逻辑是，它们都是非目的性的"副产品"。在这个共同逻辑之下，每一项人类重大文明自身的形成逻辑都具有自身个性。因而阅读本书不仅可以丰富知识，更在于磨炼了推理思维。作为此书的第一读者，至少是最早读者之一，从初稿到成书，已读多遍。下面谈几点自己的读后感想，以飨读者。

1. 目的论批判

郑先生在过去的二三十年里一以贯之的目的论批判，正是针对我们学术和生活中充斥了没有道理的目的论解释。实际上，稍微理性考虑一下事实，都会发现目的论的不合理处。记得十多年前我读赫伯特·西蒙的《我的种种生活模式》一书，他回顾了自己的学术生涯，对自己走过的道路得出的结论是：这条道路是环境与自己互动的产物，就是自己顺应当时的环境，一路走下来的，没有所谓的计划，几乎就是"随遇而安"的结果。西蒙并不是孤例，绝大多数人大概是这样。郑也夫的《文明是副产品》一书，分析了人类文明的发展，走的路子也几乎是这样的，即任何一次文明大突破，不管是外婚制还是农业的起源等，都不是有计划的"目的产物"，而是副产品。虽然后者研究的是宏大的人类文明的发展历程，前者是微观的个人发展轨迹，但二者有着道理一致的机制，即都不是目的性产物。

如果我们从逻辑上分析目的论，目的，谁的目的？某个人的目的，还是群体的目的？如果说到群体，众多的目的往往处于一个杂乱分布状态，很难有一个清晰的一致目的，或者说是"群体意志"。这就把人类文明这样的大问题下的目的论的目的在一定程度上消解了。退一步讲，即使有目的，因为过程的复杂和人类理性的有限，结果在很大程度上会是计划者所料想不到的，尤其是当"形势比人强"的时候，目的更是影响乏力。波普尔在研究了"科学发现的逻辑"后认为，科学发现是不可预测的，因为科学和技术的发现具有不可预测性，历史不是直线性可预测的。因而，"悬而未决的仍然是文明的未来"。

正如作者书中所说："理性以其反思之特征，将人的很多行为披上了意图和得失计算的外衣。""因为解释是理性做出的，理性在解释行为时会夸大自己的作用，乃至走入'泛目的化'的误区，将'目的'注入人们的一切行为中。"（第 302 页）

《文明是副产品》一书在批判目的论的同时，寻找摆脱目的论后文明的逻辑。作者根据可以利用的线索材料，大胆推理，但逻辑缜密。比如，对于造纸术的起源一说，作者非常大胆地把《史记·淮阴侯列传》里给韩信饭吃的"漂母"所"漂"的东西猜测为"树皮布"。通过一番对树皮布研究的梳理分析，得出的结论是蔡伦造纸法受到树皮布的影响。正如作者所说："各种猜想都没有事实上的确定性，只有逻辑上的自洽与不自洽，推论上合理与不合理。而在这一层面上，说制造树皮布是所谓漂絮，蔡伦造纸法是受其影响，要好于其他说法。"（第 195 页）

对历史的理解，受到文献和实物的限制，确实必须有想象和悟性帮助推理。许倬云先生早年学过考古学，他说过："在考古学上得到的最大好处，不是考古学本身的知识而已，是考古学上从细枝末节的材料去推论，……我要有点 speculation，要有一点领悟，要一点推测。"郑也夫先生在《文明是副产品》一书里，这种有洞察力且有趣的推测不少，很有启发性。

2. 独立思想的治学态度

治学高手总是可以从不疑处有疑。这是真正的"自由之精神，独立之思想"。不管古今中外权威与否，唯事实和道理是从。本书作者同样遵循着这个原则。我们可以看关于文字的定义，就是很有代表性的例子。"文字的起源"一章，开篇就是对两千年来的文字定义之争的回顾。亚里士多德（公元前 384~前 322）因其未见过汉文字这样的自源文字，受其外源文字局限，提出的定义是："口语是内心经验的符号，文字是口语的符号"。而我国汉代的扬雄（公元前56~公元13）给出的定义是："言，心声也；书，心画也"。显然，亚里士多德的定义与扬雄的定义不只是"高下之分，而是正误之别了"。可是，现代社会因为西方文化在世界上的霸权，我们1988年出版的《中国大百科全书·语言文字》中给出的定义依然接受的是亚里士多德，而非扬雄的思想，并且在2002年版中只字未改。撰稿人是周有光先生。

西方近代对中国的影响巨大深远，曾经造成了一代甚至几代知识分子中多数人眼睛只看到西方，而忘记了自己历史上的思想文化资源。这里插一句，为什么人类学家社会学家费孝通先生做出了那么大的成就，成了他那一代知识分子中的佼佼者？我想，大概就是他"从实求知"精神的结果。比如，早年他曾这样说："且慢用外国名词来形容中国事实，我们得在实地详细看一下。"（《关于实地研究》，《费孝通文集》第一卷）如果在文字的定义上，能够在采用亚里士多德思想传统下的西方概念之前，看看中国汉文字的事实，就不会错误地采用那个亚里士多德思想下的概念，愧对于中国文化先人。

为什么会出现这种情况呢？"其匪夷所思者二。其一，数典忘祖。……与其'有教无类'对应的'有学无类'……其二，也是最重要的，我们的汉字和汉语不可能支持亚里士多德的定义，……即使是西方的智者只对汉字惊鸿一瞥，便再难深信亚里士多德的文字定义。这之中最好的人证是莱布尼兹。"（第95页）就是说，我们忘记了自己的文化资源，同时没有从中国社会的历史事实来看西方的概念和思想是否符合中国实际的求实精神。这种求实治学精神于学人至为宝贵，不轻信权威，不轻信外国，才有"自由之精神，独立之思想"。

3. 文明的代价，也是副产品

人类文明也有其代价。代价也是"文明的副产品"。郑先生在早期著作《代价论》里首提"副产品"概念，就是在论述代价思想。比如，他说："如果像杜尔克姆所说，最初开始分工的人们并不是为了增加财富，如果像费孝通所说，族外婚初行时人们不会认识到它会增加种族体质上的优势，就可以说'财富的增长'、'体质的增强'只是人们抱着另一目的做出的行动的副产品。既然一个行动会有始料不及的积极的副产品，也就当然可能有其始料不及的消极的副产品，即我们称之为的'代价'。……我们不赞同的是为无生命的事物提出一个它所追求的目标，把一事物形成后发挥的某种功能——很可能是其副产品——说成其产生的原因，其存在的目的。"（《代价论》，1995，第25页）

在《文明是副产品》里，作者同样也论述到了文明的代价。比如"农业的起源"。我们通常熟知的理念是，人类进入了农耕社会，脱离了茹毛饮血阶段，让人类文明前进了一大步。以前的人类生活多么苦。随着文明进步，农耕社会产生，人类生活才开始好了些。从本书对农业的起源的分析，我们看到，不是这么回事儿。在农耕社会之前，人类不需要那么长时间的劳作，自由度高多了，没有那么辛苦。比如根据对朵贝人的研究，他们劳动力每周工作近15个小时，平均每天2小时9分钟足矣。我们通常用自己想象的文明的逻辑来构建远古人类生活，是错误的。

最睿智的帝王和将军在大战胜利之后的庆功宴上，都不是歌功颂德，而是歌哭其付出和对对手的敬畏祭奠。对文明的演进的每一步，我们的睿智哲人似乎也看到了它们作为代价的"副产品"。可惜的是，文明一旦迈出这一步，便锁定了，没有回头路。根据这一道理，面对信息时代，面对手机和微信这样的新产品席卷大地的时代，我们是该欢呼，还是该深思?! 在生活便利的同时，我们付出了什么样的"代价"! 其代价还在随时间流逝逐步展现。

4. 大题目下的小亮点：文字与论辩的例子

该书精彩之处很多，其中一个就是在伺候"文明是副产品"大题目下，许多小题目不经意间的亮点非常多。比如，在"文字的起源"一章里，"辩论与文字"一节，也是本书论述主要目的下的副产品，值得我们注意。这个副产品就是作者在分析文字起源时候，对我们中国文化与西方文化在对待辩论与文字上的差异和演变逻辑的梳理，这一梳理分析对现实有着深刻的启发和指导意义。

从此节得知，因为语言的便捷，即使在古希腊的城邦里，也是很重视语言的。古希腊智者崇尚辩论（在一定程度上轻视文字），而中国哲人更热衷于用文字写下来"藏诸名山，流传后世"，所以中国古人作品的优异，作者群的庞大，都在佐证着中国古人对文章的高度重视。

"城邦中的交流当推口语最便捷，一次演讲足令城邦内所有关注者尽悉详情。"（第165页）"文字写作有一个坏处在这里，斐德若，在这一点上它很像图画。图画所描写的人物站在你面前，好像是活的，但是等到人们向他们提出问题，他们却板着尊严的面孔，一言不发。写文章也是如此。……"可是，文字可以跨越时空。若没有柏拉图等人的辩论写成了文字，我们今人何以得知他们的思想和文化。这就是说，口语和文字各有自己的不足和长处。

作者接着说："没有文字是不可能有希腊文明的，但是没有口语潜力的深度开发，同样不会有伟大的希腊文明。微观而言，口语与文字的并重造就了苏格拉底和柏拉图这样的人物，当然前者要借助后者的刀笔。宏观而言，口语与文字并重，造就了古代文明的最高峰。窃以为，在人类的智力生活中，无论过去、现在还是未来，无论在微观上还是宏观上，口语与文字的并重，都是至关重要的。"我深以为然！

然而，在中国文化史上，重文章和背诵，轻论辩和口语的传统确实是值得反思的。中国的"听其言观其行""讷于言，敏于行"等，都是对爱讲话爱论辩者的阻碍。郑也夫先生引用李弘祺的话说，中国历史上我们重文章轻辩论的情况。"……唐代以后，中国人没有在任何的面试和辩论上做出什么贡献。……公元10世纪以后，演讲在中国文化传统中失去了它的重要性。……"（第164页）论辩是苏格拉底教育学的精髓所在。所以，作者说："长期尽享这一甜头的希腊公民及其文化传人，自然珍爱而不肯丢弃这一提升与检验智慧的利器，它绝非阅读和背诵所能顶替。乃至论辩的传统穿越时间的隧道，存活在今天西方的学术与教育领地。"（第159页）在观察中美两国中小学教育甚至高等教育，以及社会生活后，我们发现，我们太不重视人们的辩论之才的培育了，这也是我们不同的文化传统的遗留。

5. 结语：重要的是开放的理念

对《文明是副产品》最后一章总结的，文明演绎中新因子产生的几个范式，笔者概括其核心思想为：人类要保持开放的理念。五个机制中，给予、借用、杂交和互动机制无疑地都是在开放的条件下的行动，发明本身也是一种对未知的开放。在阅读这本书的人士中，尤其是关注创新的那些

"罗辑思维"的粉丝们,有人认为只看这一章,本书的道理都明白了。他们看重的就是罗振宇一再推荐的这些"创新机制"。殊不知,这些总结出的机制,如果抽去了前面六章对一夫一妻制、农业、文字、雕版印刷、活字印刷以及造纸术的具体分析,则失去了获取阅读本书可以带来的诸多积极的"副产品"的机会。提炼出的几条道理,毕竟失去了充满灵性的有血有肉的内容。像我们前面所提到的文字的定义问题,中国和希腊文化在辩论和书写文章方面的传统问题等,都是仅仅阅读最后一章所无法领略到的。本书每章节的知识甚至没有其逻辑推理之写作方法更给人以力感和美感。我相信,阅读此书,除了你可以获得为何"文明是副产品"这个道理之外,你一定可以获取意料不及的诸多"副产品"。

（《文明是副产品》，郑也夫著，2015 中信出版社出版）

2016 年 5 月 28 日初稿　6 月 8 日修改

（原载《书屋》2017 年第 3 期）

政治秩序的"古今之变"与不变

　　弗朗西斯·福山在 1989 年提出了"历史的终结"，他宣称，在人类历史上的所有政治意识形态中，随着共产主义的失败和冷战的结束，具有合法性的意识形态，只有西方的自由民主制度。而福山一再强调这一终结，并不意味着世界各个国家都会成为自由民主制国家，世界上不再有压迫和独裁了，而是在人类历史的经验中以及可以想象到的未来，可行的合法性意识形态只此一家了。时隔 20 多年，福山出版了《政治秩序的起源》（上卷，2011 年 4 月由纽约 Farrar，Straus and Giroux 出版），以从史前人类开始到近现代的世界政治秩序的发展演变，旁征博引，探讨了"历史的终结"所说的西方自由民主政治制度的前生今世和来龙去脉，从而为这种制度的合法性找到坚实的根基，也就是此种制度具备的三个要素：强国家、法治和负责任政府。福山此书的内容就是围绕着这三个要素的起源与演变来写的，综合利用了考古学、历史学、人类学、生物学、经济学、社会学、宗教学和政治学等学科的知识，堪称一本政治学的"百科全书"。而本书的基本点就在于"成功的自由民主既需要有强大、统一和在自己领土上执行法律的能力的国家，还需要有强大、有凝聚力和让国家负责任的能力的社会"。福山本书就是在论述如何让一个国家的政府既不至于虚弱到无能力执行该执行的任务，又不至于过于强大而损害人民的自由和福利。

作为基石的"龟"：政治秩序的生物基础

　　寻找事物之间的因果关系是人的本性。福山试图寻找我们现在认为理所当然的政治制度产生的原因，寻找漫长的政治秩序发展中的因果关系。虽然日常生活中大家自觉不自觉地都在寻找事物背后的因果关系，但真正的严格意义上和现代科学意义上探索因果关系大概是从休谟开始的。但是社会科学因为其不同于可以实验的自然科学的特点，寻找因果关系更加困难。福山在展开自己的分析之前，就先讨论了自己分析的起点，或者说是因果链的因之开端问题。他通过一个故事对寻找基点这个难题形象地表述。

有个可能不是真实的故事，是物理学家斯蒂芬·霍金转告的。一位著名科学家在作有关宇宙论的演讲，房间后面有位老妇人打断他，说他是废话连篇，而宇宙只是驮在龟背上的一张光碟。该科学家问她，龟驮在何物之上，以为就此便可让她闭嘴。她却回答："你很聪明，年轻人，但底下是无数的龟。"

就像中国以前的说书人，对一个事件千头万绪从哪里说起呢？福山把作为基石的"龟"放在生物的层次，尽管他认为这个层次下面仍然还有"龟"，不是终极点。我觉得福山这个层次已经是现在科学所能够依据的非常好的基石了。在生物意义上，人的本性就是政治秩序演变的缘起。福山把政治秩序的生物学基础概括为这样几点：第一，前社会状态下人类不存在，人是群体性的。第二，自然人的社会性（sociability）建立在两个原则上：亲缘选择和互惠利他。第三，人类有创造和遵守规则的固有天性。第四，人类有暴力的自然倾向。第五，人类本性上需要的不仅有物质资源还有承认（recognition 或者译为"认可"）。在这些前提下，也就是这些不变的东西，福山以宏大的人类历史（包括史前史）展开了他对政治秩序演变的分析。

国家的诞生与自由的让渡

福山在本书一开始就讲写作此书的两个缘由：一是为他的老师亨廷顿的旧著新版《变化社会中的政治秩序》写序言时，发现了书中的许多观点已经需要修改了；二是他个人对国家能力建构的研究，此方面他出版有《国家建构：二十一世纪的治理与世界秩序》。在福山的笔下，自由民主制的三要素中，第一个就是国家（the state）。人类发展到了一定阶段之后，没有一个有足够能力的国家，不可能实现政治和经济的有序和繁荣。福山在《国家构建》里认为，当代世界许多的问题都是国家能力不够而造成的，包括饥荒、毒品、种族冲突等。福山使用的国家概念来自马克斯·韦伯，不仅包括韦伯的国家定义，而且包括现代国家的标准：在一定的领土上合法性地垄断使用暴力的组织，而且要有以技能专门化为基础的理性分工，非个人化的以业绩为基础的官僚任用制度。福山论证了国家如何从家庭、氏族和部落阶段发展到国家的。

基于人生来就是在群体中生活的，最早期的是原子家庭，但是出于生存的需要以群体生活。按照基石之一：人类社会性的两个原则：亲属选择和互惠利他，最早的人类群体都局限于血缘关系为纽带的团体。但是，人类还有暴力的天性，为争夺资源会与其他氏族或者部落发生冲突或战争。战争的残酷迫使部落结盟，权力整合。这样，霍布斯的所谓"利维坦"或者我们说的"国家"就诞生了。在这个转变中，个人的自由权力一部分让渡给了国家。在前国家时期，氏族或者部落的规模很小，财物还没有剩余，也没有产生强烈的分层等级，首领都是基于自己具有公平的声望产生的，而且不能世袭。福山引用人类学家莫顿·弗里德的话说，前现代的领导只能说："如果你这样做，很好"（If this is done，it will be good），而无权以命令口气说："去做。"（Do this！）而国家产生后，统治者的权力可就大多了。国家垄断了对合法性暴力的使用，比如军队、监狱和法庭这些暴力机构。国家的治理产生了一个等级制的科层体系，社会的分层极大地强化，不平等的社会结构随着国家的诞生也产生了。

作为对卢梭的回应，福山写道："从部落到国家的转型，带来了自由和平等的巨大丢失"，使得"很难想象社会愿意放弃所有这些自由和平等"，即使同时获得了经济的或者技术的好处。但是，国家有它的好处。强大的国家可以保护它的公民不受来自国内外的敌人的伤害，不管是来自侵略者、造反者还是罪犯。问题是，如果人们从部落人到国家人可以得到这样的保护而不受伤害就好了，那样国家越强大也就会越好。可是事情还有另一面，国家是把双刃剑，拥有权力的统治者同样也可以利用这样的权力虐待这些公民。这也是可以理解我们都希望有个"好皇帝"的原因。如果把国家能力限制得过小，则无法保护其公民。这是种矛盾。按照福山的说法，从部落转型到国家，个人是被迫的，是存活受到威胁不得不把自由权力让渡给国家，以希求获得国家的保护。而这个权力一旦让渡出去，国家这个庞然大物就有了自身发展的逻辑。处在获利阶层的统治阶层就把人性中的亲属选择和互惠利他释放出来，形成了保护特权的"世袭制"和裙带庇护关系。也因此，独裁和暴政在历史上就泛滥起来。

法治：对强国家的制约

国家的能力太大，如何能够限制其对公民的伤害呢？福山指出自由民主制的第二个要素：法治（the rule of law）。问题是，法治并不一定和国家的诞生一起成为"孪生兄弟"。中国是最早产生现代国家的国家，那是秦始皇开始的秦帝国。但是在福山看来，中国直到现在也不是一个法治国家。福山把最早的法治的诞生追溯到宗教。我们可以把偶然的"法治"产生说是"天赐之福"，因其产生的前提条件是宗教。福山分析的一个特点也是其优点所在，就是寻找事物产生的经济学家常说的外生变量。法治产生的外生变量就是宗教。福山认为，宗教是法治起源的钥匙。宗教提供了人们遵从这些法规的道德伦理性的基本观念和认同。关于宗教，友人方建锋指出，福山在评亨廷顿的《变化社会中的政治秩序》时写道："作为开拓性的著作，里面几乎没有提到宗教"（当然亨廷顿在其名著《文明的冲突》里突出了宗教因素），而在福山的著作里，非常强调宗教在政治秩序演变中的作用。

福山在这本书里很重视宗教在政治秩序演变中的重要作用。前国家状态的氏族和部落，通常都是通过宗教信仰或者祖先祭祀联结在一起的。我们的华夏民族至今不还是以传统的"炎黄子孙"为符号资源来整合我们的认同吗？这些大概是世事沧桑中不变的东西。人类有制造和遵守规则的本性。宗教律令和道德信仰的遵从就是这样产生的。福山分析了基于宗教的法律，存在于古代以色列、印度、伊斯兰教中东和基督教的西方。但唯有在西欧，独立的法律机构得到最强劲的发展，并设法转成世俗形式，幸存至今。英国这样的自由民主制是在法治形成之后才发展了强国家。因为这个国家在法治之下发展，受到了约束，所以国家没有凌驾于"法治"之上。福山说，这是个偶然机缘。不得不指出，福山在书中一再地为了避免历史决定论的印象而使用"机缘"（contingency）或者"偶发事件"（accidents）等这样的用语。同时我们也要注意，福山书名中的起源（origins）是复数，表明起源的多元性，而非一元，也表明福山避免一元论和决定论的努力。

因为缺乏"法治"，福山专门指出中国的"坏皇帝"问题。中国历史上没有形成自己的宗教，虽然有"天命"思想，皇帝也是"天子"。但是中国的国家形成和成熟得很早，是最早的现代型国家，自秦帝国就开始了"基于业绩"的官僚体系来治理国家。当然这两千多年来，一直在和"腐败"做斗争，也就是人性中的偏袒亲属和互惠利他形成的庇护群体。魏晋到隋唐的门阀贵族就是这种"基于血缘和庇护裙带关系"的产物。中国的法律虽然大秦律就一套一套的，但是，有一个老虎"皇帝"没有关进法律的笼子。因为每个地方长官在地方上，都在一定程度上是"土皇帝"，大量的"老虎"跑出来害人。各级官吏只对上负责，不对下负责。因为官吏个人的利害得失在于上级官吏是否满意，而不在于下级和百姓是否满意。虽然有道德礼治的约束，但约束力太小，也只是遇上了"明君"才会社会安定经济繁荣。但是这种安定和繁荣在朝代的循环中总是很难持续发展，有时候甚至政治经济转为衰败。要有可持续的发展，避免"坏皇帝"问题，这既需要强国家和法治之外的，自由民主制的第三个要素：负责任政府（accountable government）。

负责任政府：要生存，也要自由

按照福山的理论和经验证据，在自由民主制的三要素中，只有国家一个要素，那么后两个要素很难产生。历史经验还没有提供证据，哪个地方强国家出现之后实现了法治和负责任的政府。而负责任的政府是在法治前提下发展出来的强国家实现的。国家的形成是氏族和部落人为了生存得到保护放弃了自由权的产物，但这种放弃是被迫的。如果能够得到保护也可以得到自由，那么这种制度就会得到人们的支持，从而也极力追求。但是，实现这种既有生存保障又有自由的理想需要条件，这种条件也需要因缘汇聚。英国和丹麦这两个国家幸运地开启了这个乐园的先河。

福山对各个地方国家的发展历史的处理是谨慎的，他力避马克思的从奴隶社会到共产主义社会的线性发展和一元论。比如封建社会是欧洲的独特发展形态，现代社会的因子就脱胎于那个黑暗的欧洲中世纪。福山认为，负责任的政府主要兴起于欧洲。但是，即使在欧洲也不是整齐划一的。比如负责任的政府没有出现在法国或者西班牙，而是英国和丹麦。因为，这种负责任的政府的出现是需要条件的。比如相当的法治传统和国家能力。在西欧现代国家或资本主义出现之前，社会层次的个人主义已经出现，且早过数世纪。而且其中央集权之前，已经有了法治。现代集权国家无法击败或者消除古代的封建机构，比如代表议会。这样才阴差阳错地产生了负责任的政府。看来，负责任政府也是被逼无奈地"负责任"。到这里，我们可以发现，不管是个人从部落人到国家人转型中自由的让渡，还是负责任政府的产生，都不是自身自愿的，而是外在力量逼迫的或者约束的。当这种均衡一旦打破，权力必然向强大一方倾斜。大概这也可以解释 21 世纪的头 10 年里的"民主衰退"浪潮的发生。

制度的移植

福山是重视借用生物社会学思想的社会科学家，本书中把政治秩序的演变和生物的进化做了类比。生物进化的自然选择机制是通过遗传和变异，那些适应环境更好的子代得以存活并大量繁衍后裔。在政治秩序的发展中，制度也通过了类似的自然选择。比如，秦国在春秋战国中为什么可以一统天下，因为虽然多国都在改革，只有秦国的改革最好地实现了富国强兵。在那个战乱争雄的环境下，经济实力和军事实力雄厚的国家得以生存，其制度也就这样存活了下来。但是政治秩序的自然选择又不同于生物进化。生物通过基因遗传变异，而制度不仅有自身的变化，而且还可以通过学习和模仿其他国家更好的制度从而改变自身适应度。这个问题，实质上就是制度能否移植的问题，或者说借鉴。

显然，福山在自己的分析中态度是矛盾的。一方面，他认为制度传统是有惰性的，包括他对美国现在制度的灵活性不够的批评。往往是制度不适应现实环境了，但是它本身还存在。利益集团是一个重要原因。福山也指出，任何一种制度都会对某一部分人有益，而以另一部分人的损失为代价。在过时的制度下的得利集团，为了自身利益，不愿意改革原有制度，以至于暴力在某些时候对改革制度是不可避免的。另一方面，福山认为人是有学习能力的，可以向其他国家的制度学习。这样，就有一种趋同趋势。而且福山还认为，知道了政治制度的缘由，并不是说我们还要让制度自发产生，比如法治的宗教起源，并不是让我们再创造当年英国那样的宗教环境以产生法治。我们完全可以通过学习和模仿来建立法治。同时，福山很谨慎，因为这种学习还必须嫁接在原来的自身政治和文化传统基础之上。这也是实际，任何一种学习都必须和自己的实际结合起来。这是一种困难。

因此，制度的移植问题在实践上还是一个要不断"试错"的事情。但是，这个"试错"的方向明确，就是自由民主制：建立国家、法治和负责任的政府。这三者的关系很复杂，没有强大的国家，像阿富汗，就很难实施各种制度。一个强大的国家很重要，在早期东亚和拉美的发展，不少经济学家认为拉美资源丰富，会发展得更快。而事实表明，东亚国家发展出了"东亚奇迹"。福山认为"东亚奇迹"的原因在于东亚国家在中国文化传统里，有着很强的威权政府。正是国家的力量提供了稳定的秩序和政策的实施实现了经济的发展。

制度移植就是对原制度改革，这是一个利益调整的问题。福山说，我们看到了许多的寻租集团阻碍必要的制度变化因而促成了政治溃败的例子。他举了一个经典的例子，旧制度下的法国（ancien régime France）因为精英集团对制度变化的巨大阻碍，结果就是法国大革命的爆发。

法国大革命之后，通过法国对欧洲其他国家的侵略，把法国的自由平等理念和拿破仑法典强加给被侵占的国家，摧毁被占国的利益集团，从而获得了成功的制度"移植"，这是阿西莫格鲁等人经验研究的发现。因为福山的本书是上卷，只讲到法国大革命，下卷也许会对这个移植经验问题更为关注。但是，这里的欧洲被法国侵占国的制度移植仍然是暴力式的，而不是和平式的。正如福山所说，关于自由民主社会制度，世界上的大多数人，极欲住在这样的社会：其政府既负责又有效，民众需要的服务能获得及时和高效的满足。但没几个政府能真正做到这两点，因为很多国家的机构是衰弱、腐败、缺乏能力或根本不存在的。世界上的抗议者和民主倡导者，不管是南非和韩国的，还是罗马尼亚和乌克兰的，他们的激情足以带来"政权更替"，使专制政府蜕变成民主制。但如果没有漫长、昂贵、艰苦和困难的过程，来建设相关的机构，民主制是无法成功的。所以如果条件不具备的话，短期内制度的移植是很困难的，尤其是和平方式的移植。

找回失去的自由：自由民主制的核心魅力

发展自由民主制，并不会因为困难而让非自由民主制国家的人们停止努力追求。通过政治秩序的演变，人类为了生存把自己的自由让渡给了国家这个"利维坦"，平等自由意识的觉醒，让他们奋斗不息地找回失去的自由。在福山的论述里，政治秩序演变中的一个重要不变就是亚里士多德观念的信仰，人类的本性指引着人类在社会生活中追求安全和幸福。从氏族和部落社会到国家层次的社会，在某种意义上，是人类自由的一种巨大倒退。国家比亲属基础上的群落更为富有和强大，但是这种富有和强大也带来了巨大的分层，一些人成了主子，多数人成了奴隶。福山回到黑格尔，举出承认这样一个人类本性里的追求，"黑格尔会说，在这样一个不平等的社会，对统治者的承认也是有缺陷的和不令人满意的，甚至对统治者而言也是这样，因为这种承认来自那些本身缺乏尊严的人"。人们追求的不完全是物质资源，获得承认是一种巨大的驱动力。这里的承认含有把人当作人的意思，有基本的人格尊严和权利。这也正是一个政府无法纯粹以经济发展成功来获得统治合法性的原因。

福山认为，现代民主制的兴起，正好给人们提供了找回自由和承认的制度保障。这个制度给所有人统治自己的机会，而且是建立在人们之间尊严和权利的相互认可基础上的。因此，我认为，在这样一个庞大复杂的社会，重新找回早年人类失去的自由和尊严，这就是自由民主制的核心魅力所在，也即福山说政治秩序演变到自由民主制"历史终结"了的原因。那么，实践中的自由民主政体是否解决了承认的问题呢？正如友人田方萌所说，"依我对美国的观察，它只是缓解了而已，并没有完全解决。这个问题不解决也好，因为它是人类前进的动力之一"。完美的自由民主制只是一个理想。

2011 年 8 月

（原载《社会学家茶座》2011 年第 4 期）

公众、专家和舆论

　　曾有这样一个国家，居住着两种人：蓝种人和红种人。虽然这两种人有很多相同的价值观念，但是他们对公共政策的评价不同：前者喜欢小的、圆形的和色彩浓深的政策，而后者却喜欢高的、矩形的和色彩浅淡的政策。由于意识形态上的不同，红种人和蓝种人在政治上一直是存在分歧的，但是双方都看重理由和证据，因此都委托专家给他们提供建议。他们都雇用同种人做专家，让专家顾问立论、讨论和辩论，以找到政策问题的最佳解决方法（如果可能的话）。为了鼓励专家对政策难题找出最好的答案，他们还为那些能够说服其他专家的人设立了昂贵的奖赏，包括地位、研究经费，某些情况下还包括公共赞誉，而且像所有的自由国家一样，紫土地上还有领导公共事务的职业政治家和政治活动家，但是他们很少有自己的观点。相反，他们向同种的专家寻求思想，他们主要关心的是民众能否接受这些思想，在党派辩论中有力地呈现这些思想以及其他有效推销的问题。因此，政治家们很少超越专家的话语。与此同时，红种民众和蓝种民众都不特别对政治感兴趣。他们宁愿把时间花在工作、家庭和国家性娱乐活动——棒球运动上，因此他们宁愿委托通信传播专家为他们提供一般性的、易于理解的信息，也不愿自找麻烦地仔细关注政治辩论。民众从不做独立思考，所有的人只是从精英提供的选项中进行选择，这是约翰·扎勒在《公共舆论》一书中所讲的"紫土地的寓言"故事——简化了的美国社会的类比，目的是分析公众、专家和公共舆论之间的关系和运行机制的。

　　扎勒在《公共舆论》里发展了一个综合模型，用以解释人们是如何从精英和大众传媒那里获得政治信息，并把这些信息转化为政治偏好的，进而阐明大众舆论的形成和变动机制。作为译者之一和审校，我愿为读者分享书中的一些观点，我对此书的理解和点滴感想。

　　中国有句古话"民可使由之，不可使知之"，如果是这样的话，我们有了专家，其实国家的治理是不需要"民众"话语参与的，从而也不存在谁主导公共舆论的问题，公共舆论也不复存在。但是，还有句话叫"防民之口甚于防川"，这说明对于公共事务，民众还是很难不让参与的，这样就变成了"民口"也就是公共舆论是如何形成的，民众的意见和观点从哪里来的。既然这样，那么有没有谁主导舆论呢？

我们先来看看公众的观点或者意见的形成问题。根据扎勒的理论和模型，民众其实是很少独立思考的，他们的观点受到自己的意识形态——也就是"具有共同既有倾向的不同专家的不同观点的集合"——影响，而且在对大众传媒中的专家或者精英们提供的备选项中并受其措辞的影响作出选择。所以在一定程度上，民众的观点是受到获取民意的专家们的"操纵"的，手段之一就是措辞用语提示民众关注不同的问题。我们可以看下面这个例子。

让根据随机抽样选出的受访者，回答三个和阿拉斯加石油勘探有关的问题中的一个。

第一个提问是：石油勘探—直接提问法。

您赞同还是反对在阿拉斯加的联邦所有的土地上进行新油田勘探？

第二个提问是：石油勘探—依靠外来石油提问法。

近日，有很多人谈论关于在阿拉斯加的联邦所有的土地上进行石油勘探。有的人反对这种勘探行为。他们认为阿拉斯加的土地应该为子孙后代保留。还有的人认为阿拉斯加的石油勘探应该进行，因为美国新能源可以避免对外来石油的依赖。您的意见如何？您赞同还是反对在阿拉斯加的联邦所有的土地上进行新油田勘探？

第三个提问是：石油勘探—经济成本提问法。

近日，有很多人谈论关于在阿拉斯加的联邦所有的土地上进行石油勘探。有的人反对这种勘探行为。他们认为如果我们能够更好地使用我们现有的资源，那么就没有必要使用这些石油。其他人则支持勘探。他们认为，如果不使用这些石油，那么人们就会因为油价上升而利益受损，甚至因此失去工作。您的意见如何？您是赞成还是反对在阿拉斯加勘探新油田？

对这三种提问方式，受访者的回答不同。在回答第一个和第二个问题时，人们对于在阿拉斯加进行石油勘探和环境保护对经济造成的影响，没有表示出什么关心。特别是，在社会阶级—经济代价敏感性的共同指标和对石油勘探的态度没有什么相关性。但是，当第三个问题明确地提出潜在的经济成本时，人们在社会阶级上的属性到底是属于中产阶级还是工人阶级，就和石油勘探有了很强的相关性。当问题以第三种形式提出时，整体支持勘探石油的人士比例开始上升，这在工人中尤其如此。这样，如果人们从前两个问题中得出结论，认为以前人们认为美国人对于环境保护的经济成本漠不关心，这样的想法就是错误的。事实是很少有人想到这一点，除非是问题提问方式给他们这种联想。

在扎勒的书里，有很多这样的例子表明民意调查中民意受到"操纵"，而且都很有趣。所以，我们说民意常常很难说是"真实的民意"。但是，根据扎勒的论证，虽然民众对公共事务的观点变动不居，但是就如"紫土地的寓言"里所说的，民众通常与和他们具有共同意识形态的专家的意见保持一致，比如以前美国公众对越战的态度，就由媒体报道的导向从支持越战到反对越战。由于人们的既有倾向的价值观比较稳定，又与和他们具有同样价值观的专家保持一致，所以公共舆论还是有其规律的。

既然专家意见通过媒体的传播达到公众，从而提供了公众意见的可选项。那么，是否精英就可以主导公共舆论了呢？根据扎勒的论述，以紫土地为例，如果精英主导是指精英使公众持有了信息完全的情况下不可能持有的态度，那么可以说紫土地上的民众完全避免了精英主导。虽然在观点（outlook）上不同，当蓝专家和红专家达成一致并使政治家和民众都与他们一致的时候，民众会确信，即使他们都毕生致力于研究这些政策问题，他们也不会得出与专家有多大不同的结论。专家群体包括了社区中与普通社区人们持有共同价值观念的人，而且他们是在分析了所有可获得的信息之后做出结论的。即使在精英不一致的情况下，即各类民众机械地跟从他们各自的政治家或者专家的建议时，也不存在精英主导。民众依然能够确信，他们越是关注某个问题，他们越可能与具有相同价值观念的专家得出相同的结论。

虽然表面上看来，精英可以主导舆论，而实际上是很难的。因为，最重要的就是专家本身具有意识形态多元性，这种多元性导致他们之间的竞争。就像紫土地上的人们一样，蓝种人和红种人都有自己的专家，他们都从自己的偏好来研究政策问题和解决方案。但是，因为科学知识作为基础可以超越意识形态，又可以为不同意识形态的专家们找到共同的平台对话，就像我们熟知的学术界，学者们有激励机制来探索"真知"，这种真知以科学知识为基础获得超越意识形态的共同基准。这样，以知识为基础，即使价值观很极端的专家们也可能在科学知识面前达成一致。比如扎勒举的一个很生动的例子，两个意识形态非常自由或保守的专家，在知识面前对"核冬天"争议达成了一致。

> 在演讲的当天，当那个自由主义者走进来的时候，我正在和那个保守主义专家聊天呢。在做了常规的介绍之后，这个自由主义者平静地问这个保守主义专家："哎，你这些天在研究什么呢？"
>
> "核冬天。"保守主义者答道。
>
> "很有趣。"自由主义者说。"你发现了什么？"
>
> "基本上，那是不可能的。"保守主义者回答道。
>
> "我担心一个核爆炸就要发生了，就向后退并寻找庇护所。但是这种担心是没有道理的。"
>
> "是的，我也是这么看的。"接受过物理学训练的自由主义者说。"我也做了大量的计算，但是所有的计算都没有说明核冬天的可能性。"
>
> 然后，这两个人开始讨论不同物质的破坏率，在城市中能够找到多少那些易燃物质，以及其他的核冬天会产生或不会产生过程的技术参数。他们几乎在所有的问题上都达成了一致。

因为这种科学知识的基础性，本来来自不同的价值偏向意识形态的专家们虽然在一开始是试图找到利于自己价值偏好的研究，但是之后会因为"职业和专家群体"里的职位和声望的竞争而达到超越偏好的研究。比如，早期研究艾滋病的人员很多是同性恋者或者是他们的同情者，"所以他们都很想发现艾滋病毒不像其他许多病毒那样传播"，但是只在最初的一小段时间里影响了研究者的计划，"很快，无论是不是同性恋者，所有的研究者都开始集中在赢得'大奖'上——也就是，不管他们的个人兴趣和期望如何，他们都想首先发现艾滋病的真正本质"。

其实，专家们的意识形态偏见也不是没有好处。至少可以让有争议的话题为不同偏好的人来探索，从而才更可能深刻认识该问题。如果不同意识形态的专家们在某个问题上依据"科学知识"达成了一致，记者们报道的所有信息来源都会提供大致相同的说法，从而"精英共识"和"主流规范"就会产生。如果达不到一致，记者报道的观点就会不一样，从而出现两极分化，不同观点的精英带动与他们观点一致的民众形成公共舆论的分流。

在扎勒的模型里，公众和专家之间就是这么一种影响关系。问题其实不是如此简单，专家虽然是知识的制造者，媒体虽然是信息的传播者，但是政府官员的影响依然不可忽略。好在信息体系已经不只是在政府体系，还有非政府体系，而且媒体有一定的信息加工的自由，政府官员的审查也会因人而异，其关注重点不同。

到这里，我们知道，公众的舆论其实反映的还是专家们的意见。问题是——正如在本书最后，扎勒问道：如果只有专家能够进行政治辩论，为什么还要把公众搅进来呢？为什么不让政府政策只反映专家意见呢？扎勒给出三个理由：第一，人们有权利解决他们感觉应该解决的争论。第二，政治参与本身的价值，它使参与者变得高贵并实现自我。但是这两个原因在扎勒看来都不具有吸引力，因为公众经常会做出道德上出格或者技术上愚蠢的决定。所以扎勒给出了第三个理由：在没有制衡的时候，政府会偏离正道，会变得专横跋扈或者更加邪恶。只靠几个专家来制衡是靠不住的，因为"忽视他们、把他们投入监狱、杀害他们或者让他们保持沉默，太容易了。他们发生效力的唯一希望是公布争论和将争论政治化，从而使普通公民可以作为力量参与争论"。

要实现专家和公众发挥正常作用，需要的是自由、公平的环境。扎勒说："只要专家的聘用和赋予的自由还在良好的激励系统之中，我没有理由相信，一般而言，整体普通民众比专家更聪慧。对我来说，在民主社会中，民众迫使领导者沿着有益的方向行动以及在必要的时候让领导下台的集体能力——而不是集体智慧——似乎更为关键……真正的问题是保证对立的观点可以平等地竞争。"

最后，正如我在"译后记"里所说，"虽然说本书的理论很有独特价值，但我最钟爱的还是本书探索知识的方法论和操作过程，它向我们展示了通往知识，或者说真理的道路是如何一步步走过来的"。我建议读者认真看看这本二十多年前由剑桥大学出版社出版的公共舆论方面的经典之作，其中的理论、方法、案例等有机地融合在一起的诱人魅力令人回味无穷。

（原载《书屋》2013年第8期）

市场、福利与资本主义

市场有悠久的历史，在新石器时代后期就存在。但市场自诞生以来，都是附属在当时的政治、社会乃至经济生活之上的。只是到了 19 世纪，随着劳动力市场和金本位制的确立以及自由贸易国家意识形态的形成，市场开始主导人们的经济生活，并且同时主导了人们的政治、宗教和社会生活。这就是波兰尼在其名著《巨变》一书里所说的资本主义形成的这一"巨变"，这种现象就是市场的"脱嵌"。"脱嵌"不是自发的，而是西方各国政府的积极干预甚至强制推动下到来的。那么，在这个"巨变"后的时代，市场就完全可以"脱嵌"了吗？否也。因为各国各地区的制度框架不同，"市场经济并非超越国界的经济体制，而必须镶嵌在特定的民族国家的政治框架和当地的文化习俗乃至信仰之中"，所以市场仍然"嵌入"不同的社会里，发挥着效果不同的作用。究竟事实如何，薛涌先生的《市场到哪里投胎：三种资本主义模式的得失》有着很精彩的描述和分析。该书通俗易懂，信息量大，视野开阔，属于面向大众的科普类图书，加上薛氏文笔，可读性强。

薛涌先生是一员闯将，跨领域研究历史和分析时事。这不，又闯进了经济领域。原来他告诉我是金融史，我发现这本书写的主要是市场在不同制度框架下各有什么样的表现，比较了三种模式：以美国为代表的盎格鲁—撒克逊自由放任式，以德国和日本为代表的莱茵兰社团—国家式，以及以北欧福利国家为代表的社会民主式。如同薛先生在教育和政治领域里的写作关怀，此书依然是把目的放在中国的经济发展，尤其是市场经济问题。

那么让我们先看看书中所说的三种市场模式。先说盎格鲁—撒克逊资本主义和莱茵兰资本主义。薛涌以漫画方式开始介绍这两种模式，以求通俗易懂。不妨把此漫画概略介绍一下。两个漫画各有一个中心人物，一个是美国人麦克，另一个是德国人马丁。两人都是已婚中年人，各有两个青少年孩子。他们都在资本主义的市场体制中爬到了管理阶层，过着中产阶级的生活。可是两个人的生活信仰不同。麦克信仰的是盎格鲁—撒克逊资本主义，强调个人奋斗、个人责任、效率优先；马丁信仰的是莱茵兰资本主义，强调家庭的稳定、家庭成员之间彼此的责任、同舟共济的精神。两人这次都赶上了全球经济的"大衰退"，失去了工作。假定将他们所在国家中失业人员的待遇等外在条件忽略掉，面对的是同样的挑战，他们根据自己的信仰会采取什么样不同的应对策略。

麦克采取的策略是，14 岁和 16 岁的孩子出去自谋生路（看看卡内基，还不到 14 岁就在美国当童工，后来成了钢铁大王，以此来鼓励孩子），夫妻把房子卖掉，用这笔钱来重新创业，这样才有成功机会。"你们年纪轻轻，面对这样的挑战，也会受到锻炼，培养出高度的个人责任感"。

而马丁的应对是：告诉孩子们面临的困境，决定卖掉房子，全家租个最小的房子住，两个孩子共用一个房间，父母的房子更小，并告诉孩子："家里没有固定收入，大家都要省吃俭用。这样，靠积蓄坚持的时间才能长一些。而坚持的时间越长，父母在积蓄用完之前找到工作的可能性越大。更重要的是，你们都在上中学，是一生的关键时期。首要目标还是保证你们的学业不受打扰。有些额外的补习班，该上还是要上，这种钱不能省。要知道，钱不是世界上最重要的东西。"这样，一家人同舟共济，共渡难关。

几年后的镜头是：经济反弹，情况好转，两家人谁更成功呢？很难评说。麦克一家东奔西走，夫妻小店经营有方，买卖做大成为百万富翁；两个孩子历尽艰辛也从超市打工到地摊小贩，现在也拥有了自己的小店，大家聚到一起后感到无上自豪。这一切似乎都证明了麦克对盎格鲁—撒克逊资本主义的信仰：个人是自由的，首先要自己为自己负责。只要有这种自由，艰苦奋斗，摆脱依赖别人、吃"免费午餐"的心态，就能无往而不胜。

而马丁一家呢？大概发不了财。精打细算过日子，不可能创立自己的公司，而是最多回到原来公司上班，还挣原来的工资。但是两个孩子发奋学习，几年下来，全是优等生，他们有更大的机会到名校去读书，接受比父母更好的教育。

但是在实际生活中，我们更愿意选择哪种方式呢？薛涌先生认为多数中国人会选择马丁的应对策略，而不是麦克的策略。因为前者风险太大，小孩子很可能走上不良道路，而且牺牲了教育。在这个漫画背景下，实际上，美国的盎格鲁—撒克逊资本主义企业就是麦克的做法，到了经济危机的时候，就把雇员这些"孩子们"解雇掉；而德国的莱茵兰模式则是大家同舟共济。

这两种方式很大的一个区别是，美国方式公司对员工不太愿意投资人力资本的培训，因为今天培训了，明天你可能就另谋高就了；而德国不是，公司几乎很难辞退一个雇员。而且因为美国这种方式，员工们更愿意在一般人力资本上投资，换工作容易，如果在一个方面钻研太深，换工作时人家没有这个职位的需求，就很难找工作；而德国模式的员工就愿意在自己的专门领域钻得很深，不担心工作问题，他们稳定。比如德国面对这次经济危机，不是解雇工人，而是增加假期，强化职业培训，因而，职工没有因为停止工作而丧失技能。恰恰相反，他们的专业技能变得更精。这样，德国产品的质量和精密就胜过了美国，而且"德国经济率先反弹，突然接到大量订单的企业，因为没有解雇工人，大家休够了假，也接受了专门培训，可谓养精蓄锐、各就各位，使企业能够保质量地突然加大生产，没有出现美国的企业面对经济反弹时拿着订单找不到合格职工的狼狈局面"。这是两种资本主义模式的得失。

米歇尔·阿尔伯特于1991年出版并迅速被翻译成多国文字的《资本主义对抗资本主义：美国是如何让对个人成就和短期利润的执迷把它带到了崩溃的边缘》一书中，就把这两种模式称为"龟兔赛跑"，并认为以个人成就为基础、追求短期效益的盎格鲁—撒克逊资本主义更具诱惑性，而以社会的集体成功为目标、追求长期效益的莱茵兰模式才更有效率。德国的莱茵兰资本主义下的是：专心致志的企业，耐心的资本，稳定、敬业的员工队伍，三位一体的伙伴，以产品为中心，以人为中心，而不是以利润为中心，最终形成了踏实、严谨、精益求精的德国企业精神。

而以北欧的福利国家为代表的社会民主式又怎样呢？瑞典、挪威、丹麦等北欧斯堪的纳维亚国家，是福利国家的典范。这些国家曾被人们批评为"保姆国家"，因为国家福利涵盖了从出生到老死各项福利保障。而正是这些福利国家，不仅经济上的竞争力保持很大，而且人们的幸福指数也位居前列，社会不平等问题相对较和缓。福利国家制度背后有三大动机：第一是利他主义。虽然福利国家也是市场经济，但其背后的哲学不同，不是市场原教旨主义认为的人是自私自利的，而是认为人之所以为人，就在于对"朱门酒肉臭，路有冻死骨"的现实有一种本能的厌恶。所以，我们不能以一句"市场竞争总是有胜有败"这样为贫富分化建立正当性。帮助他人，也是一种基本人性。第二则是人对于自己的经济与社会安全的自我保障。这就是存钱以备不时之需，这也是本能的体现。但是面对许多风险，显然自己无力应对自保，大家集中资源，分担风险，应运而生。古人还有包公"开仓放粮"救济饥民呢，这也是某种意义上的以"国家福利"应对社会经济危机。第三则是社会共同体成员之间风雨同舟的团结精神，这种团结表达的是一种归属感，一种与他人的认同，一种平等伙伴之间的互助和互益。所谓福利国家低效率、高浪费、养懒人之说，是一种集体偏见。北欧国家的现实情况告诉人们，这种福利国家实际上是很优越的：比如根据"世界经济论坛"所公布的 2012～2013 年环球竞争力排名，瑞士、新加坡、芬兰、瑞典、荷兰、德国居前六位，丹麦居第十二位，挪威居第十五位，其都属于一流的竞争力国家，人均经济收入也多高于美国。

正如本书作者所说，在中国市场经济建设中，许多人最推崇的是美国的盎格鲁-撒克逊模式，把美国资本主义作为市场经济的原型。作者本书的一大目的就是要消解这种美国模式的崇拜。因为在美国模式下，许多人看不到市场是有不同的模式的，"单一的范本，恰恰是适合他们被计划经济塑造的单一真理的思维模式"，这是作者薛涌最想通过此书警告国内一些学者或者企业家甚至政府官员的。作者分析了三种模式的得失，并没有哪个模式可以独揽所有市场社会的好处。如作者所说："在这三种资本主义模式中，我对北欧和德国模式多有赞誉，对美国模式则持严厉批判的态度。这并不表明我认为前两种比起后者来有着确定无疑的制度优越。相反，我认为三者各有千秋，难分优劣，虽然美国面临的挑战更大一些。"美国资本主义虽然有它的缺陷，但作者并没有一边倒地否定美国制度，我们现在享受的手机、电脑、互联网不都是美国资本主义下的"创新"吗!？但作者似乎担心的是，在这种体制下，社会不平等会更严重，高端人才获得了巨额财富，而许多人根本上不起学，受不到良好教育，社会分裂严重，最后会拉后腿，比如企业虽有高端技术，但找不到可胜任的职工。

在中国建设市场经济，该如何利用后发优势，也就是从已有的诸种资本主义模式吸取经验教训，取长补短，建设健康的市场和社会，这是该书提出的一个非常值得思考的问题。福利国家的一些做法，我们也在借鉴和利用。事实上，每个国家的市场都是"嵌入"自己的社会制度框架之中。中国有自己的独特历史传统和文化背景，因而也要让市场在这个环境下发挥它的作用。北欧福利国家毕竟都是小国，拿来和美国这个大国比较，也是有问题的。"大有大的难处"，王熙凤尚且知道这个道理，我们更要理解中国与美国这样的大国毕竟不同于新加坡和瑞典这样的城市国家或者小国。关键问题是，我们的思路不能为美国一家的资本主义所"一叶障目"，看不到其他诸多可能性。

结束本文之前，指出一点阅读本书要注意的问题，就是有的地方，作者的用语不太符合惯用法。比如第四章，讲"从资本到人本"。"人本"的英语本身是"human capital"，应该翻译为"人力资本"，与"人本主义"的"人本"含义不同。我刚看到标题，还以为是个新理念，结果看了才知道，是作者的"新"译法。也许作者再版的时候会纠正过来。

尽管有这些小瑕疵，但瑕不掩瑜，建议关心市场经济建设和福利国家制度的人士，甚至一般读者，不妨读读这本书，这对认识我们生活的这个世界和我们的社会都很有帮助，尤其是"天外有天：为什么美国不是个榜样"和"'悬崖'上的美国"这两章，对消解"美国主义"崇拜是副解毒剂。

（原载《书屋》2013 年第 8 期）

"大数据"的意味

2009 年 1 月 21 日，星期三。

对美国白宫而言，这是特殊的一天，因为椭圆形办公室迎来了新的主人：第四十四任美利坚合众国总统巴拉克·奥巴马。

……

读完这封信，奥巴马抬头望向窗外，陷入了短暂的沉思。

就这样，涂子沛在《大数据：正在到来的数据革命，以及它如何改变政府、商业与我们的生活》一书里开始讲述他的"大数据故事"。围绕着奥巴马从入主白宫到宣布连任竞选期间建设"透明和开放的政府"的过程，涂子沛穿过漫漫历史迷雾，勾画出美国"数据帝国"的形成和发展脉络，揭示出其中的层层大小道理。

涂子沛，"70 后"，属牛，温文儒雅的学者，笑起来略显拘谨。理工专业但爱好文史哲的他却更像一位中国古典"忧国忧民"的士。正是这种"忧国忧民"的情怀，推动着他废寝忘食搭建"大数据世界"。

子沛本科专业为计算机，又在中国政府部门与数据打交道十来年，来美国念书及毕业后的工作也是做数据，自然对数据的感受力是深刻的；而且因为他对文史哲的热爱，读书甚杂，很快领悟到了大数据浪潮的到来对中国社会的发展意味着什么。数据与"公民社会"有机结合，就是"大数据故事"的初衷。该书扉页的作者题记就是"一个真正的信息社会，首先是一个公民社会"。这与维克托·迈尔·舍恩伯格和肯尼思·库克耶的《大数据时代》几乎纯粹讨论大数据技术完全不同。

子沛凭借着《大数据》一书异军突起，在中国成为影响力日益增大的一名公共知识分子。通过讲述"大数据故事"，他要为国人进行一次"数据意识"大启蒙。他期待着这个阿瑟·斯密斯笔下"漠视精确、思维含混"

的民族的人们，摘掉胡适所说的"差不多先生"这顶帽子，进而实现黄仁宇总结的"数目字管理"的现代化治理。

什么是"大数据"？他给出的概念是指"那些大小已经超出了传统意义上的尺度，一般的软件工具难以捕捉、存储、管理和分析的数据"。虽然给出了这个定义，但在子沛看来，大数据之大，重要的不在于其数量之大，而在于其能量之大。因为正如麦肯锡全球研究所在其 2011 年的报告中最后所概括的：大数据，将成为全世界下一个创新、竞争和生产率提高的前沿。这些庞大的数据来自现代社会中人类活动的方方面面，尤其是来自社会、市场和政府之间的互动。

该书引用第三任美国总统杰斐逊的"信息之于民主，就如货币之于经济"和《信息自由法》的出台开始了"数据帝国"的故事。通过这些故事，子沛把信息公开与政策过程联系在了一起。数据的搜集、处理、分析和利用远不只是一个技术过程，而更是一个与公民的权利、隐私和自由联系在一起的互动过程。该书下篇专门讲了"公民故事：公民社会与数据互动之双赢时代"。从美国政府的财务开支、矿难事故，到总统在白宫的会客记录等的数据公开和处理，都条分缕析，娓娓道来。这些写给中国读者的"故事"，无疑是希望中国的人民和政府能从中获得借鉴和启发，改进我们的信息公开和市民社会的成长。

在一次聊天里，他从我的一篇《迈向平权社会：从慈溪问"礼"谈起》，说到当年大清乾隆皇帝与英国使团因为礼节而闹出的可笑故事，在法国大革命和《美国宪法》颁布的平等和民主世界大潮里，清朝从皇帝到群臣还对之一无所知，依然以"天朝大国"自居的美梦，终于被后来的鸦片战争的炮声惊醒，可是为时已晚。以此可以理解子沛面对大数据时代的挑战，奋笔疾书，让我们国家要抓住这个机会的心情。

子沛从美国民众争取信息公开和透明政府的艰辛曲折过程认为，从政府的角度来说，世界上没有一个政府愿意把自己对权力的使用，完全透明地呈现在人们面前。这需要公民去努力争取。约翰·莫斯是《信息自由法》之父。他从 1955 年开始提出草案，直到 1966 年才通过，次年正式生效。莫斯经过十多年的不懈努力，终于实现了美国的《信息自由法》的通过。

人类学家玛格丽特·米德说过："永远不要怀疑：那一小部分有思想且

执着努力的公民能够改变这个世界。事实上，人类的历史从来都是这样。"
子沛兄大概就是其中的一位。在这本《大数据》之后，第二本有关大数据
的书已经完成，把数据的故事回溯到美国的建国之初，并且前瞻大数据对
未来的影响。期待着涂子沛更精彩的 "大数据故事"，并通过这些故事 "改
变这个世界"！

（原载《文汇报》2013 年第 12 期）

资本、权力与自由

美国肯尼迪总统有句经典名言：不要问你的国家能为你做些什么，而要问你能为国家做些什么。经济学家米尔顿·弗里德曼不这样认为，他认为，作为自由人与国家的关系是，他们关心的仅仅是政府能否保护他们的自由，而不介意国家能为他们做些什么，也不关心他们能为国家做些什么。政府存在的意义就在于保护人们的自由。当权力集中在当权者的手中的时候，这种自由也受到了威胁。弗里德曼就这样开始了自己的《资本主义与自由》的讨论。

《资本主义与自由》最早出版于1962年，距今已50多年了。该书以其影响之大，被美国院际研究协会选为"20世纪最好的50本书之一"。当此书初版时，是逆美国政治经济潮流而上的。大萧条的解决之道是罗斯福新政，理论支持是凯恩斯主义经济理论，加强政府对经济的干预和推动，加上二战刚过去不久，美苏冷战正酣，国家对个人的强势控制舆论占上风。在这样的环境下，弗里德曼出版此书需要很大的勇气。好在这个多元化的社会能够让这个大潮中的不同强音得以发出。从2002年版的序言，我们依然可以感受到弗里德曼对此书刚出版时候的待遇难以释怀。1982年版序言里，弗氏就回忆当年此书出版后，远在主流之外，没有任何一家像《纽约时报》这类的国家级大出版物给予评论。形势比人强。后来，随着大政府开支的增长，对"小政府"下的自由人诉求让此书如此畅销，让欧洲19世纪的古典自由主义如星星之火向全球蔓延。撒切尔新政和里根政府的自由经济改革把弗里德曼的古典自由主义推向了高峰。

此书核心观点就是经济自由是政治自由的必要条件。延续哈耶克的《通往奴役之路》的思路，政府对经济的管制只能是以导致人们的政治自由被剥夺为代价。所以，他反对国家对社会生活的干预，提倡不受国家干预的"自由市场"，反对"福利国家"，让政府尽可能地缩小。政府的角色定位在游戏规则的制定、解释和执行上，而不能自身参与竞赛。所以，他提出两条保证自由的原则：第一，政府的范围必须是有限的；第二，政府的权力必须分散。

政治自由和经济自由是不可分割的。如果说有些国家有经济自由而缺乏政治自由，或者有政治自由而没有经济自由这是不太可能的，尽管弗氏认为，香港回归让他看到，政治自由不是经济自由和社会自由的必要条件。其实，通过"自由市场"的经济自由真的就能够让人们获得政治自由了吗？政治社会学家查尔斯·梯利在其经典著作《强制、资本和欧洲国家》一书里，就揭示出资本积累和积聚之后，产生了极大的不平等，有强大资本的一方利用其资源开始"强制"他人，进行"剥削"。我们看看美国大财团对美国社会政治权力分布的干预，就可以理解所谓的"自由市场"并不是真正"自由的"。这也是弗氏的理论虽然很有魅力，但是在实践中很难实施的根本原因。

资本主义也可以是官僚资本主义，不一定就是"自由市场"的资本主义。所以，鉴于对资本主义的这种情况，达伦·阿西莫格鲁和罗宾逊在自己的《为什么国家失败》一书以及他们的作品中就不用资本主义这样的概念，国家的政治体制才是关注的核心。当然，阿西莫格鲁和罗宾逊关心的是国家经济的增长，但是，经济增长和发展取决于该国体制。制度的不同造成一线之隔，一边是苍茫荒野，另一边则是繁华的地区，比如南非特兰斯凯地方的双重经济下的图景就是如此。

对于阿西莫格鲁等人而言，政治上的自由，也就是参与政体，才是经济自由的前提，才是繁荣的条件。在历史上，有些国家也曾有过持续的增长，这是技术和组织创新在统治集团可以容忍的情况下进行的，一旦威胁到政体中的统治集团的利益，这种自由经济和创新环境就遭到压制和破坏。所以，这里并不是说经济自由带来政治自由。二者的"鸡与蛋"的关系是复杂的。

但是，基于"自由市场"的经济自由在一定程度上可以保障个人的政治自由，或者说是多了自己生活的选择。诺贝尔奖获得者经济学家詹姆斯·哈克曼就认为，经济收入是获得自由的一个主要途径，因为收入高了，经济条件好了，才能让自己选择更多，有了更多的选择才可以谈自由，才更有意义。比如有钱了，你可以选择去"新马泰"还是去北欧旅游，没有钱，哪里也去不了，就不存在这个选择。计划经济不是基于"自由市场"的经济，天然的实验已经向我们展示了在吃个鸡蛋、买斤糖都需要定额的"票"的情况下，贫困和缺乏就会出现。出售劳动的"自由"都被政府管制的经济，当然也谈不上政治自由。因此，弗里德曼强调竞争的资本主义是一个经济自由的制度，并且是政治自由的一个必要条件是有着历史的根据的。

远离通往奴役的道路，通往自由的道路，首先要保证经济自由。但是，"自由的"经济造成的剧烈"不平等"是弗里德曼所没有重视的。托克维尔在论美国的民主的时候，就认为，对普通人而言，平等比自由更重要。而这个问题在今天的世界已经几乎是全球的几大问题之一。在美国，也是民主党和共和党政策诸多重大分歧之源。即使在这次美国金融危机的情况下，美国最富有的10%的家庭的财富平均增长还是2%，而中等收入家庭的资产则缩水近40%。从1988年到2008年，世界上最富有的1%的人，收入增长了60%，而底层的5%的人们的收入则没有变。在美国最富的10%的人拥有了金融资产的80%。这种贫富分化是"经济自由"的结果，还是权力分配的结果，都是争论中的话题，因为财富与权力的相关性太强了。显然，在这种贫富分化之下，资本主义与自由的话题将必须考虑资本主义与平等的问题，虽然这个问题不是新问题，但是问题的严重性不容忽视。可惜，弗里德曼已经驾鹤西去，探讨这个大问题的机会从而也留给了后人。

城市活力来自"五方杂处"

大清国的八旗子弟的衰落，由征服者的精英滑落到了"提笼架鸟满街溜"的败家子，人们给出了不同的解释，而最近看到了一个从未听过的解释是，因为八旗子弟入关后，随着打下了天下而稳定居住下来，与汉人等"他者"是分开的，这种居住的"隔离"造成了他们生活生态的单一化，失去了自身的活力和奋斗精神。这也是美国这么多年一直热门研究种族隔离与社会发展的问题，想方设法来实现种族"大熔炉"的道理所在。这个道理用到当今城市化中保持城市活力和竞争力确属正见。

这是从薛涌先生新著《城市的迷惘》看到的。看到后好奇，专门打了电话请教薛先生。他说，你看现在北京的蓝旗营，就是蓝旗人聚居区。当然可以从不同的角度来解释八旗子弟的衰落，"隔离"的单一性不失为一个解释。在这本书里，作者不时会用"五方杂处"来说明城市繁华和活力的源头。比如清代的第二大城市江南名城苏州，当时就是"五方杂处，人烟稠密，贸易之盛，甲于天下"。其实其他繁华城市也是如此。杂居是城市的优势所在，多元性刺激了贸易、创新，使城市成为人类最有效率的聚落形态。

在中国城市化正盛的当下，乡村人进城谋生定居是前所未有的社会大变迁。作者批评了一种狭隘排外的观念，比如"上海是上海人的上海""滚回乡下去"之类，指出"城市是'外地人'的家乡"。没有外来人，城市不成其为城市。是外来人口，带来了城市的多元性，带来了城市的活力和生机，以及当下最为人们重视的创新竞争力。这是作者考察古今中外城市发展历史做出的富有洞察力的结论。

北京，如古人所说，"长安米贵，居怕不易。"像波士顿这样的城市也是富人的易居地。而处于毕业创业阶段的小青年生存下来艰难，就可能被生活逼走他乡。而年轻人正是创业的生力军，正是城市竞争力之所在。即使哈佛和麻省理工学院的高才生，也在刚毕业之际很难留在波士顿。这样就由政府出面，建廉租房，专门租给这些年轻的创业者，让年轻的创业者降低生活成本。"创意是最好的租金。"这就是新硅谷，也就是夹在麻省理工学院和哈佛之间的 Kendall Square 为保持竞争活力的策略。给年轻的创业者提供廉租办公室，这就是在降低准入门槛。这样做是因为"城市生命力的核心，是包容而非排斥。要持续繁荣，就要持续包容，不断地把提高了的门槛再砍下去，不断给新一代提供丰富的机会，让他们能从最卑微的地方起步，最终登上世界的顶峰"。

笔者曾经研究过美国大城区的包容或者宽容与人才分布及其对经济发展影响的关系，通过对最大的 50 个城区的经验研究发现，越宽容的城市，高学历人才越多，经济发展越好。后来，也看到中国用人口户籍政策松动情况为包容指标，看各地城市发展，也发现了同样的故事。创业期的年轻人，在城市立足，希望也能有一些政府提供的"廉租房"。功成名就者不需要廉租房，可是他们也失去了创造的旺盛力。保持城市的竞争力，还是要富有创新力的年轻人。

为了这种保持活力的"五方杂处"，作者建议采取美国的高密度"高层"发展策略。城市发展有其好处，同时也有着很大的代价，比如拥堵、高房价等城市病，造成大城市的人反而幸福感降低。地皮对城市发展至关重要，生态保持是健康城市必要的前提条件。怎么办？答案在于向密集型和高层发展。集中居住比铺张分散好处多。作者引用"美国聪明发展"组织所公布的研究发现，认为密集型都市圈的居民，比起铺张分散式都市圈的居民，经济机会更多，社会流动性更大，也更健康，人均寿命更长。现在我国一轮胜似一轮的城市化浪潮，要注意这种发展策略。耕地的宝贵是不言自明的。我不久前，在去国八年后回乡，所到之处，大城小镇都在大力开发之中。老家的县城，已经成为由老城和新城组合成的"双城"。这新城几乎就在过去十年里发展起来的，侵占耕地的面积可想而知。而当城市建起后，钢筋水泥构筑的城市严重破坏了本来的生态，比如流水和处理污染和垃圾。所以，注意向高层和密集型城市结构发展，尽可能地保护我们的耕地就是关系可持续发展的大事。

为了避免"八旗子弟"变成败家子，薛先生也提请富人区家长们注意自己孩子的教育问题。为了孩子接受良好教育，学区房在中美都是个问题。

美国社会和政府一直在致力于减弱这种学校学区房带来的社会不平等问题，以及由穷富隔离造成的人才发展上的弊端。作者对上海在教育上的表现颇为赞赏，因为"上海人渐渐开始接受了'农民工的孩子也是我们的孩子'的观念"，其学校系统尽可能给外来打工者的子弟提供机会。贫富分开，实际上就是制度化的"拼爹"，让大家觉得自己生来就被安排在某个既定的教育体制中，个人很难通过努力改变命运。而贫富混搭可以实现各个阶层的孩子都有机会接触更为广阔的社会和人生。这种"五方杂处"不管对个人发展还是社会的和谐都是好的。

《城市的迷惘》是一本文集，涉及面非常广泛，这里我仅就保持城市活力的"五方杂处"分析做个例子。该书涵盖的题目从城市的有机自然生态的治污和排水，交通拥堵，骑自行车的生活方式，学区房，有毒食品，PM2.5，到美国城市防范飓风，底特律作为汽车城的兴衰经验和教训，"新硅谷"的廉租房，大城市的停车位，甚至空中摩天大楼菜园（补充篇）等等，不时会有让人恍然大悟之感，而且该文集信息量非常大，古今中外，有很多值得学习的地方，尤其是对我们当下城市发展的设计者和有关人员来说，更是帮助他们走出"城市迷惘"的有益指南。

（原载《南方都市报》2014 年 11 月 30 日）

个人奖牌与团体功劳

"今天真是太激动了。能够有今天的成绩，我要感谢的人很多很多。感谢领导，感谢教练，感谢队医，感谢所有帮助过我的人，还要感谢泳迷的支持。没有你们，不可能有我孙杨的今天。当然还要感谢我的父母，我今天的成绩，离不开你们含辛茹苦的培养！再次感谢大家！"这是孙杨在伦敦奥运会获得1500米自由泳金牌并打破世界纪录之后的微博感言。

获奖者通常在获奖感言里都要说出感谢某某某，不管感谢对象是个人还是单位。其实，从社会学角度来看，日光下有哪样事情的成就不是众人的团体功劳呢？上届美国社会学会会长著名社会学家兰德尔·科林斯，在学会主题发言文章里，向对其文章做出贡献的人们表示感谢时，曾说过这样一句话：从社会学意义上看，任何事情都是团体的成就（collective achievement）。当然这里的团体表示众多的人，而要区分出到底是哪些人，不同的事情不太一样，而且边界的模糊程度也不同，但这并不妨碍成绩的团体性质。

奥运会是体育赛事，像孙杨夺冠，直观上看赛场上个人英雄主义的成分比较大，是他游泳游得好，本事大，取得了佳绩，获得了金牌。电影艺术上的"奥斯卡"奖杯虽然也有很明显的个人英雄主义成分，但毕竟不如体育赛事更直接和直观，评分似乎也更有主观性，因而团队成员声望的影响力也会更大。换句话说，不管孙杨的教练是谁，孙杨游泳只要没有犯规，第一个到达了终点就是冠军，有客观的数字记录，评委们不会受到这个选手的教练是谁的影响。而奥斯卡的评委们则不同，没有游泳时间这样客观的数据，在评价某部电影和某个演员的时候，导演、主演、编剧、音乐制作人等等，都可能或多或少地影响评委们对某个导演、演员、剧本等的评价。在这个意义上，团队对个人获得奖牌的影响电影界比体育界就大多了。所以，电影界的奥斯卡这样的奖项，感谢的"众人"集体，相对边界就比较清晰一些，而且影响也更大。所以奥斯卡获奖者们的获奖感言感谢的人员也是一长串。实际上，如果我们扩大范围来看，文化诸行业的情况更像电影界，对个人成绩的团队影响比体育界更明显。

但这并不是说在体育界团队不重要。有句俗语：不怕虎一样的对手，就怕猪一样的队友。一个团队的才能和配合是个人获得成就的关键。体育赛事上，教练自然是这个团队的关键人物，因为"兵熊熊一个，将熊熊一窝"。但是一帮队友整天一起操练、切磋、竞争，其影响不会比教练小。在教育上，研究表明，对学生的发展，朋辈的影响很大。一个班级的学生的家庭地位构成、文化背景等都会让这个班级的学风和班风很不一样。如果这个班级的学生大多来自社会地位、家长受教育程度和经济地位都比较高的家庭，这个班级的学生通常更乐于学习，对未来更乐观，整体成绩也更好。而且因为他们参加各种课外活动的机会多，见识也更广，自组织活动的能力也更强，从而可以带动整个班级活泼向上。

奖牌和奖杯虽然也有颁发给团体的，但是奖励给个人的更多。一部作品的作者、一个电影的导演、一位歌手的某首歌曲等，都是奖励给个人的。但是，究竟是哪些个人更容易获得这些奖杯或奖牌呢？社会学家罗斯曼、埃斯帕萨和伯纳希切在《我要感谢奥斯卡、团队溢出和网络中心性》一文里，通过分析从 1936 年到 2005 年 70 年里奥斯卡的获奖情况，发现这样一些人更容易获得奥斯卡大奖：一是这些人更可能处在社会网络里的中心地位，在与其他电影艺术人的网络关系中，越是处于中心地位的人，越可能获得奥斯卡大奖；二是获奖作品的制作团队，获奖者更可能来自精英构成的团队。也就是说，他们的合作者团队里有奥斯卡奖的获奖者或者多次提名者，这样他们也才更可能有机会获奖。

奥斯卡奖是最能体现文化领域里的明星效应的。有大众传媒技术的传播来助威，这种明星效应导致了文化产品和制作者的无限的流行，而且基本上只有明星们的作品才可能广受欢迎，造成"赢家通吃"。对于新手们，如果有偶然的机会搭上了明星"大腕"们的大车，才可能借助"明星之光"让他们有走向"星光大道"的机会。这就是"明星效应"和"赢家通吃"带来的文化界的不平等问题。

当然，新星们，或者每个奥斯卡的获奖者，他们也不仅仅是沾了别人的"名望之光"，而且在能力提升和作品质量上也同样沾了光。比如一部电影，是众人的合作产品，这里有导演、编剧、演员（主角和配角）甚至作曲、音乐指挥等，每个人都在这个作品中做出了自己所能做的贡献，而且在相互磨合制作中，让作品更精练，更完美。经济学家常常研究溢出效应（spillover）。能力互补在某些行业比其他行业产生更大的提升质量的效果，从而也带来更高的工资收入。但是，当一个产品是众人合作完成的时候，区别一个人的贡献就比较困难了。也就是说，当一件作品的奖牌颁发给个人的时候，获奖者不能忘记这个荣耀是其团队的功劳。在体育界里的篮球和足球等团队比赛项目上，奖牌颁给整个团队，大概是因为团队人员比较少，不像一部电影涉及那么多人的参与，而且团队比赛的直观性和队员之间角色的差别不是太大。

奥斯卡奖杯体现的个人和团队的关系，个人成就哪些是来自团队的才能互补，哪些是来自自己与业内精英人物的网络关系带来的名望，这些都不容易区分。大概也是相互影响的。在文化界，包括学术界，一个作品，往往背后要感谢的不仅仅是以合作形式体现的团队，还有很多其他人。有些作品似乎不是团队制作，比如写篇文章，似乎只是个人的成绩，但它也是作者向诸多师友和前辈学习、加上个人思考的结果，并且也借助了前人和朋辈的学术研究成果。在体育界，看上去诸多项目是由个人完成的，比如本文开头提到的孙杨的自由泳，但游泳奖项是教练指导、朋辈切磋、亲友鼓励，以及国家经济支持等的收获。扩大了看，我们所取得的任何成绩，哪一点不要感谢许多人呢？实际上，正如罗伯特·弗兰克在《达尔文经济学》中"成功与运气"一章中所论述的，成功者都是极为幸运的人，因为同样有能力，同样努力，同样有野心的人不少，而成功还极为依赖于运气。而成功者通常过于夸大自己的能力和努力，不太愿意承认运气成分。如果获奖者明白了这一点，就可能避免了获奖后过于膨胀个人的贪功之念，更容易心平气和一些。当然，与此同时该被感谢而没有被感谢到的也不必太小气，不必太在意是否得到了感谢，这项成绩里能有自己的一份功劳本身就是很好的回报。我们要感谢的人而被忽略了的不知道有多少，宽容一点，又有何妨？

不管怎样，如果你取得了成绩，即使不是拿了奥运金牌，或者奥斯卡大奖，即便再小的成绩，也不妨这样感谢：我要感谢的人很多很多，感谢……

（原载《社会学家茶座》2012 年第 4 期）

图书在版编目（CIP）数据

重逢社会 / 陈心想著. -- 北京：社会科学文献出
版社，2019.6
（中央民族大学社会学与社会工作丛书）
ISBN 978-7-5201-4845-0

Ⅰ.①重… Ⅱ.①陈… Ⅲ.①社会学-中国-文集
Ⅳ.①C91-53

中国版本图书馆 CIP 数据核字（2019）第 089088 号

·中央民族大学社会学与社会工作丛书·

重逢社会

著　　者 / 陈心想

出 版 人 / 谢寿光
责任编辑 / 黄金平

出　　版 / 社会科学文献出版社·社会政法分社（010）59367156
　　　　　　地址：北京市北三环中路甲 29 号院华龙大厦　邮编：100029
　　　　　　网址：www. ssap. com. cn
发　　行 / 市场营销中心（010）59367081　59367083
印　　装 / 三河市龙林印务有限公司

规　　格 / 开　本：787mm×1092mm　1/16
　　　　　　印　张：13.25　字　数：205 千字
版　　次 / 2019 年 6 月第 1 版　2019 年 6 月第 1 次印刷
书　　号 / ISBN 978-7-5201-4845-0
定　　价 / 69.00 元